水西 · 书系
SHUIXI SHUXI

一 个 人 是 千 万 人 的 出 发 点

走，我们去做好教育

朱雪晴 — 著

山西出版传媒集团 山西教育出版社

·太原·

图书在版编目（CIP）数据

走，我们去做好教育/ 朱雪晴著. -- 太原 ：山西教育出版社，2025. 6. -- ISBN 978-7-5703-4658-5

Ⅰ. G629. 2

中国国家版本馆 CIP 数据核字第 2025WP4284 号

走，我们去做好教育

ZOU，WOMEN QU ZUO HAO JIAOYU

责任编辑　刘继安　李龙飞

复　　审　姚吉祥

终　　审　康　健

装帧设计　薛　菲

印装监制　蔡　洁

出版发行　山西出版传媒集团·山西教育出版社

（太原市水西门街馒头巷 7 号　电话：0351-4729801　邮编：030002）

印　　装　山西新华印业有限公司

开　　本　720 mm×1020 mm　1/16

印　　张　16

字　　数　203 千字

版　　次　2025 年 6 月第 1 版　2025 年 6 月山西第 1 次印刷

书　　号　ISBN 978-7-5703-4658-5

定　　价　48.00 元

序

相信，故事的力量

这些年，我和雪晴老师因为新教育经常谋面，数十次在新教育实验区、校的培训现场听过她分享自己和银河的新教育故事，亲眼看到了那充满画面感的内容，听到她富有磁性的声音。听她的讲座，可以说是一种唯美的身心洗礼，难怪每次讲完，她总会被很多粉丝包围。

为何雪晴老师的故事会引发那么多老师的共鸣？究其原因，在于活得精彩，做得精彩，讲得精彩。

雪晴老师的教育人生是精彩的。37岁时赴贵州支教，她遇见了新教育。她惊呼：这才是真正的教育！回程的飞机上，她泪流满面。她决意颠覆、清空过往的自己，走上一条崭新的教育之路。雪晴老师与新教育的邂逅启示我们：美好的遇见，可以带来美好的改变。

走上新教育之路后的雪晴老师，与一群尺码相同的银河人，在"农历的天空"（新教育课程）下翩然起舞。于是，银河的新教育故事日渐丰满，成了写不完、道不尽的连续剧。

在雪晴老师分享的银河故事中，我们能够感受到坚持的力量。

每周家信，持续了18年；全员家访，持续了18年；全科评语，持续了18年；电子档案，持续了17年……

他们说，去改变他们能改变的，哪怕只是一间教室，甚至一个孩子，也是伟大的，了不起的。选中一件事，一件有意义的、有能力做的事，用心去做，持久去做，并尽可能做到极致。

银河的三任校长，更是彰显了持续接力的品质。19年，校长换了三任，但是故事没有中断，精彩不断涌现，没有“人离政息”的现象。个中原因，一方面源于新教育的魅力，另一方面源于银河掌门人的情怀与境界。

新教育以民间的力量在中国教育大地上行走了20多年，可以说是一个伟大的奇迹。银河践行新教育的故事告诉我们：唯有匍匐而行，步步为营，才可能真正创造出新教育的美好。若是浅尝辄止，蹭个热度，必然难逃“雨过地皮湿”的厄运。

在雪晴老师分享的银河故事中，我们能够感受到课程的力量。

课程是银河故事着墨最多的地方，最打动人心的是研发卓越课程过程中的酸甜苦辣。他们深知课程的丰富性决定了生命的丰富性，课程的卓越性决定了生命的卓越性。为了让孩子不惧上学，他们研发了入学课程；为了让孩子健康生活，他们研发了食育课程；为了让孩子自信满满，他们研发了毕业课程……

学校是以课程表明“身份”、亮出“底色”、提升“价值”的。一所学校卓越与否，不取决于分数有多高、奖牌有多少，而是看其能开设多少适切的课程。像银河这样，让课程在学校里“站”起来，新教育也就在学校里“站”起来了。课程，是新教育理念能否实现的关键所在。

“孩子需要什么，我们就创造什么。”儿童，是教育供求关系中最重要的用户。在银河，儿童是课程创生的逻辑起点和根本旨归。站在儿童的视角研发课程，课程就有了人性的温度，有了生命的张力。“在银河，最常见的是相机，最常说的是相信。”银河的故事之所以精彩，是因为儿童成长的需求得到了最大的满足。

在雪晴老师分享的银河故事中，我们能够感受到团队的力量。

银河小学不只有朱雪晴，还有唐莹、孙娜、陈霞、周彩萍、邵燕飞、陈溢华、韩一娣、洪成娣、倪丽芳、章陈铭……可以说每一个银河人，都在创造着故事。他们以团队的方式在银河站立，且一个个自立成峰。

在新教育历年组织的完美教室、卓越课程、榜样教师的年度叙事评比中，银河小学的教师总是榜上有名。这足以说明，银河故事的创造者是一个团队，"站在团队的肩膀上飞翔"就是新教育的"银河现象"。

有没有让人看得见的美好愿景，有没有躬身入局的领头之雁，有没有让成员享受到幸福与尊严，这是"团队"与"团伙"的区别。引领教师专业成长，没有什么终南捷径，而应当像银河的管理者那样，用专业阅读、专业写作和专业交往的方式，带领更多的老师一起奔赴幸福完整的教育生活。教师的精神生命站得高了，自然就获得了俯视的本钱。

在雪晴老师分享的银河故事中，我们能够感受到行动的力量。

我总在想，为何银河有那么多的故事？说到底还是银河人忠实地践行了新教育的行动哲学理念：只要行动，就有收获；只有坚持，才有奇迹；做起来，才精彩。

新教育的银河故事虽没有文学作品那样扣人心弦，但朴实无华、真实感人。这些故事算得上是新教育理念变成实践的最生动案例。任何一个想真心牵手新教育的学校和老师都可以复制、借鉴，哪怕就是依样画葫芦，也能画出一片新天地。

银河的故事也启示我们，在追寻新教育的路上，再先进的理念如果不付诸行动，都是水中月、镜中花。面对当下教育，指责与抱怨都无济于事，行动才是最好的批判与重构。与其坐而论道，不如起而行之。正如书中所言："你不尝试着做些能力之外的事，就永远无法成长。"无论是教师还是学校，在不确定的时代，唯有借助行动实现成长，才可为自己找到安身立命的固定桩。

雪晴老师不仅诗意地栖居在银河，与老师们一起书写着银河故事，而且以行走的姿态，成为新教育的布道者。这些年，她在天南海北唤醒了太多沉睡的教育人。自从她在网络上推出"新教育在银河"系列讲座，点击量一下子就达到了近70万。在这个浮躁的时代，一个以纯学术为传播内容的讲座，能够吸引数十万人，真是太难得了。

四川广安一位即将退休的老师说尽管再过两年就退休了，也要在最后两年尝试去做新教育。山东莒南的李老师说："我很幸运，能够在新教育的第20年遇到新教育；但也很讽刺，新教育20年了，我才遇到新教育！20年，会有多少人从呱呱坠地到走入社会，又有多少人从一头青丝变成满头白发！生命有几个20年？学校生活有几个20年？新教育来得晚，我遇到得更晚，瞬间有一种时不我待的紧迫感！"

不知不觉中，雪晴老师已经成为一团火、一束光。相信随着这本书的面世，会有越来越多的教育人被点燃、被召唤。新教育不求所有人都成为教育理想国的忠诚信徒，只是希冀那些不甘心被世俗淹没的灵魂被唤醒。

我们始终相信，故事的力量。

林建玲

苏州市新教育研究院研究中心执行主任

写在前面

感谢您打开这本书。

这本书的诞生纯属偶然。

2020年2月，我应邀在CCtalk“云伴读”分享我的小书《走，我们去找好教育》，讲的是我们学校因新教育而“起死回生”的故事。当时有6000多位老师观看直播。之后，很多老师联系我，咨询怎么做新教育。我用电话、微信等方式做了答复。但我发现新教育是个系统工程，三言两语实在难以说清。我就想：能不能推送一个系列，讲讲我们学校的故事。这样，很多老师关心的问题，也许就迎刃而解了。我把这个想法告诉了苏州市新教育研究院陈东强副院长，没想到陈院长非常支持。更让我感动的是，朱永新老师在今日头条“朱永新教育观察”做了“广告”，研究院专门推送了微信，还得到了CCtalk吴虹校长的大力支持。就这样，在大家的热情鼓励与大力支持下，“新教育在银河”12讲诞生了。

现在您看到的是根据这12讲整理而成的书稿，部分内容有删减、更正与补充。另外，12讲之后还附上了我与老师们当时的来信互动，并选择了近几年的一些典型发言，一并作为补充。

以下是“新教育在银河”12讲的框架。我会结合新教育“十大行动”的核心项目，按如下顺序，做简单的介绍。

序号	项目	主题
1	新教育概述	结缘新教育
2	打造校园文化	文化，为银河立魂
3	营造书香校园	把每一间教室都建成图书馆
4	营造书香校园	儿童课程：晨诵·午读·暮省
5	缔造完美教室	让每一间教室闪闪发光
6	研发卓越课程	课程，让教师站起来
7	研发卓越课程	入学课程与毕业课程
8	研发卓越课程	食育课程：吃好，才能学好
9	教师专业发展	再微小的个体，也可有自己的品牌
10	家校合作共育	孩子，是“我们”的
11	多维立体评价	多一把尺子，就多一批好学生
12	面向未来教育	面向未来，银河何为

目 录

第一讲

结缘新教育

新教育实验概述

《盗火者：中国教育改革调查》制片人邓康延先生曾说："教育是一项很美很温暖的大业，教育是生命，它是皮肤知冷暖，它是眼睛识明暗，它是心灵辨善恶。"这么多年，我感受到的新教育实验，就是这样一项很美很温暖的大业。

新教育实验的发起者是朱永新教授。新教育，是以教师成长为起点、以十大行动为路径、以过一种幸福完整的教育生活为目的的一种民间的、草根的教育实验。

1999年，朱永新教授读到一本书，书中有个细节，讲到管理学大师德鲁克与他父亲一起去探望导师熊彼特。当时熊彼特已是弥留之际，他对德鲁克说："到了我这样一个年龄，我知道仅仅凭自己的著作流芳百世是不够的，除非我能够改变和影响人们的生活。"

这句话让朱老师陷入了沉思：虽然我写了很多著作，但并没有真正走进教育生活，更谈不上影响与改变教师的生活。我的这些理念能付诸实践吗？我的这些理想能变成现实吗？我能不能构建出属于教育的今天，而不是明天的实践蓝图？

正是这样的“一念之想”，变成了朱老师的教育梦想，并由他一个人的教育梦想，变成了一群人的教育行动，变成了现代中国基础教育的一股改革潮流。

2000年，朱老师出版了《我的教育理想》，标志着新教育实验的诞生。2002年，新教育有了自己的网络平台“教育在线”，并很快成为无数教师的精神家园。

朱老师曾经办了个很有意思的“朱永新成功保险公司”，开张启事是这样写的——

对象：不限，尤其欢迎教育界人士。

保期：10年。

条件：投保者必须每日三省自身，写千字文一篇。

理赔：如果不能跻身到成功者行列，10年后持3650篇千字文来本公司理赔。

2006年，我所在的浙江省杭州市萧山区加盟了新教育实验。启动仪式上，来自温州的赖联群老师讲述了自己参加朱老师的保险公司，每天抱着孩子写千字文的故事。当时我十分好奇：“怎么可能？真的有这样的保险公司吗?”于是，我就和老师们抱着试试看的态度，在“教育在线”创建了自己的博客，开始每天撰写千字文。

新教育有两大愿景：成为中国素质教育的一面旗帜、成为扎根中国大地的新教育学派。

新教育有四种精神：执着坚守的理想主义、深入现场的田野意识、共同生活的合作态度、悲天悯人的公益情怀。

新教育致力于五大改变：改变教师的行走方式、改变学生的生存状态、改变学校的发展模式、改变教育的科研范式、改变区域的教育生态。

新教育有十大行动：营造书香校园、建设数码社区、师生共写随笔、推进每月一事、聆听窗外声音、缔造完美教室、培养卓越口才、研发卓越课程、构筑理想课堂、家校合作共育。

新教育每年会围绕一个主题，选择一个城市，召开全国研讨会——

第一届，2003年在江苏昆山举行，主题是“新教育之梦”。

第二届，2004年在江苏张家港举行，主题是“新教育的理论与实践推广研究”。

第三届，2004年在江苏宝应举行，主题是“新教育实验研究”。

第四届，2005年在四川成都举行，主题是“新教育与新德育”。

第五届，2005年在吉林长春举行，主题是“新教育实验与教师专业化成长”。

第六届，2006年在北京清华大学举行，主题是“过一种幸福完整的教育生活”。这一新教育的核心理念，正是在这届年会中提出来的。这也是我第一次参加新教育年会，之后每一届，几乎都没落下。

第七届，2007年在山西运城举行，主题是“共读共写，共同生活”。2007年是我生命的重大转折点。这年春天，我有幸随新教育研究中心到贵州支教，第一次接触到了“儿童课程”“有效课堂”“教师三专”这些项目。可以说，短短1个月，颠覆了过去18年我对教育的全部理解。我惊讶地发现，这才是真正的教育。当时，我写下了近6万字的支教日记。我的改变也从此开始。

第八届，2008年在浙江苍南举行，主题是“知识、生活与生命的共鸣”。7月的苍南，遭遇了台风的侵袭。我们坐了8个多小时的车，几经波折才赶到现场。但年会非常震撼，孩子们上演的《德国，一群老鼠的童话》至今历历在目，难以忘怀。

第九届，2009年在江苏海门举行，主题是“书写教师的生命传奇”。海门是新教育实验的高地，也是新教育培训中心所在地。

第十届，2010年在河北石家庄举行，主题是“文化为学校立魂”。这届年会，我与章建平校长前前后后去了3次。当时，我们的新校舍刚刚建成，但究竟什么是文化，为什么文化是学校之魂，这个“魂”又是怎么立起来的，我们一无所知。所以，趁着年会这一东风，我们深度参与，学到很多。

第十一届，2011年在内蒙古鄂尔多斯举行，主题是“活出中国文化的根本精神”。

第十二届，2012年在山东临淄举行，主题是“缔造完美教室”。教育，最终是落在教室里的。如何朝向“完美”，打造一间小小的教室，我们因此有了方向。

第十三届，2013年在浙江萧山举行，主题是“研发卓越课程”。这届年会对我们来说意义非凡，因为就在萧山，而且我们学校还是分会场。我们向来自全国的700多位新教育同仁分享了研发卓越课程的思考与实践。朱永新老师亲临会场，做了重要引领。

第十四届，2014年在江苏苏州举行，主题是“艺术教育‘成人之美’”。

第十五届，2015年在四川金堂举行，主题是“拓展生命的长宽高”。

第十六届，2016年在山东诸城举行，主题是“习惯养成第二天性”。

第十七届，2017年在江苏南京栖霞举行，主题是“家校合作激活教育磁场”。

第十八届，2018年在四川成都举行，主题是“科学之光照亮求真之路”。

第十九届，2019年在江苏姜堰举行，主题是“人文之火温暖幸福家园”。

第二十届，2020年在江苏盐城举行，主题是“明德至善绽放人性芬芳”。

第二十一届，2021年在甘肃兰州举行，主题是“阅读搭建精神的天梯”。

第二十二届，2022年在四川旺苍举行，主题是“写作创造美好生活”。

第二十三届，2023年在江苏徐州举行，主题是“以口才塑造人才”。

第二十四届，2024年在福建厦门举行，主题是“回归生活世界”。

除了年会，新教育每年还举行实验区工作会议，先后在浙江嘉兴、杭州，山西襄汾，河南焦作，安徽霍邱，甘肃庆阳，新疆奎屯，湖北随县，四川北川，江苏如东、新沂、徐州，福建厦门等地，交流实验区的创新做法。

2011年起，新教育每年还举办国际高峰论坛，先后聚焦“守望我们的田野”“教育的文化价值”“阅读的力量”“构筑理想课堂”“研发卓越课程”“共话未来学校”“播下科学的种子”“人文教育”“新时代新德育”“写作塑造更好的自己”“聆听窗外的声音”等主题。

此外，聚焦阅读的领读者大会，也已举办了九届。

如果你想进一步了解新教育，可以关注“守望新教育”“新教育实验”和“新教育研究院”这几个微信公众号，还可以下载新教育App，里面资源丰富。新教育还有专门的报纸《江苏教育报·新教育专刊》，可以订阅学习并积极投稿。

2012年，“朱永新教育作品”英文版在全球发行；2014年，新教育实验入围世界教育创新峰会WISE教育项目奖15强；2015年，新教育实验获全国教育改革创新特别奖；2017年，新教育实验获江苏省教学成果特等奖；2018年，新教育实验获基础教育国家级教学成果奖一等奖；2022年，朱永新教授荣膺全球教育领域的最高奖——一丹教育发展奖。它标志着新教育在全球范围拥有了很高的知名度与影响力。

国家教育咨询委员会委员陶西平先生曾说：“新教育会像一条鲇鱼，把中国教育这缸水给搅起来。”他还说：“新教育起到了‘摇篮效应’，极大地推动了中国教育的发展。”

北京华严集团董事局主席徐锋参加了2012年新教育临淄年会，他无比感慨地说：“新教育，仿佛是在给中国教育做一次准确的基因修复。”他当场捐赠100万元人民币，表达对新教育的支持。

新教育，并不是在“教育”之前简单加一个“新”字，确切地说，它是一种呼唤——呼唤教育回到原点，回到教育本该有的样子。

结缘新教育

那么，我们银河实验小学又是如何结缘新教育的呢？

2004年，我们还是一所民办私立小学，名叫德意实验小学，借居在一所初中的教学楼里。

2006年2月，因为诸多原因，学校无以为继。困境之下，萧山区教育局接管了这所学校，改制为公立学校，还委派了新校长。正是在学校最为迷茫、最为困顿的时候，萧山区加入了新教育实验。新教育，恰似一盏明灯，出现在了前方。

2009年，我们结束了5年的借居生活，正式搬入新校舍。从最初的5个班级、76名学生、13名老师，到后来40多个班级、2000多名学生、130多名教职工，我们学校就这样磕磕绊绊地走到了今天。

当初这所在农民菜地上建起来的校园，而今已被高楼大厦包围。这些学区房房价奇高，但是一开盘，就被抢购一空。老百姓觉得只要能把孩子送进银河，花再多的钱都值得。为什么能得到这样的信赖与认可？因为他们觉得银河与众不同。这个不同便是新教育的理念。

这么多年，朱永新老师一直对我们关爱有加，先后五次来到银河，给予我们引领与指导。

这么多年，我们一路紧跟新教育的步伐，从儿童课程、教师三专、有效课堂，到校园文化、中国文化，从完美教室、卓越课程、艺术教育到生命教育、习惯养成，从家校共育、新科学教育到新人文教育……可以说，新教育做什么，我们就跟着做什么。

我曾给朱老师写信："新教育每年一个项目，是不是太快了？我们还来不及消化落实，它又往前走了。"朱老师回信说："雪晴啊，就一所学校而言，要根据自己的实际，把某个项目做好。但作为整个新教育实验，它一定得走得更快，走得更好，才能把一个体系早点架构起来哦！"

而今，新教育早已是一座大厦，巍然屹立于我们跟前；又恰似一座灯塔，照亮着无数人前行的方向。

也许你会问："我也想做新教育，该如何入手？"如果你是校长，可以首先考虑校园文化和教师发展；若是一线老师，容易上手的是儿童课程与完美教室。

具体怎么做，可以研读《新教育年度主报告》。朱老师曾说："主报告是新教育理论的系统构建，具有很强的内在逻辑。每年新教育年会之后，我就开始准备次年的主报告，购买大量的书籍资料，搜集丰富的实践案例，每年围绕主报告的阅读量估计在100种书籍1000万字左右。"朱老师的主报告还会交由专门的团队细细打磨。所以，主报告就是行动的准绳。

我们做“缔造完美教室”，首先认认真真研读了2012年的主报告《缔造完美教室》，慢慢了解基本的框架体系，然后，结合本校实际，出台《缔造完美教室行动方案》，落地到每间教室，并且，一年一年不断修正。

所以，拿着年度报告，去读，去想，去领会，去落地。这，就是践行新教育的捷径。

第二讲

文化，为银河立魂

上一讲，我简单介绍了新教育，以及我校是如何与新教育结缘的。这一讲，我们来聊聊“文化，为银河立魂”。

“文化为学校立魂”是第十届新教育年会的主题。朱老师曾指出：新教育学校文化的核心，就是使命、愿景、价值观。制度是新教育学校文化的契约；师生的行为是新教育学校文化的气质；仪式、节日与庆典是新教育学校文化的节气；建筑是学校文化的物质载体，那里发生的故事，就是学校文化的英雄叙事；校风就是学校已经形成的文化风气和氛围。那校训是什么？就是借一句警言，把自己带往一个理想之境的文化灯塔。

我们学校的文化是用哪句话来概括的呢？是“让每一颗星星在银河中闪光”。这句话写在校园的墙上，立在校园的上空。每当夜幕降临，这几个红色的大字便会闪闪发光。

“让每一颗星星在银河中闪光”，指的是生活在银河校园里的每一个人，都能以最饱满的精神状态、最优雅的成长姿态，在银河校园里同生共进，实现生命的最优发展，闪耀生命的盈润之光。

这里的“闪光”，指的是优秀、卓越，是基于个体差异之上的进步，是一种自主、自信、自然的生命状态，表现为学生，就是学业有成、个性灵动；表现为教师，就是专业发展、尊严体面；表现为学校，就是开放包容、持续生长。

“每一颗星星”，指的是对每一个人的无限相信与期待。作为校长，无限相信每一位教师的情怀、品格与专业能力，无限相信每一位教师的光辉终将照耀整个银河；作为教师，无限相信每一个孩子的潜能，相信他们必将在这片土壤里沐浴春风，茁壮成长。

“在银河中”，则意味着要“以集体的方式站立”。我们有共同的情感、态度、价值观，能齐心协力、荣辱与共，能相互影响、彼此照耀，一起守护这个珍贵的名字。

这就是“让每一颗星星在银河中闪光”蕴含的意义。章建平校长曾说：“我们全体银河人对这句话的解读决定了我们对学校文化理解的深度和可期的办学高度。”

这句话就是我们的“文化灯塔”，是我们的办学愿景。那么，如何让这句话实实在在地落地呢？

让文化物化于境

首先，文化可以从环境布置上看出来。

2009年，我们的新校舍建成了。如何打造看得见的文化？

“人”字，由一撇一捺组成。如何培养屹立于天地之间的银河学子？我们认为，这一撇一捺，就是“人文情怀”与“科学精神”。

如何打造“科学精神”？

一进校门，你就会看到圆盘样的日晷。日晷是中国最古老的钟。它的基座上刻着四个字“生生不息”，寓意：相信种子，相信岁月。

正对校门的是一条小水沟，它就是我们心目中的“银河”。“银河”两边是24块节气石。2010年，我们开设了农历课程。每到四年级，孩子们便会用一年的时间学习这个课程。

2号教学楼顶部的圆球是天文台。

我们的校园有七幢楼宇，你知道是以什么命名的吗？是北斗七星，它来自一个孩子爷爷的提议。七颗星，七幢楼，还有着深刻的寓意——

天璇楼，一到三年级教学楼。寓意：心思缜密，耿直明快。专心一意，中规中矩。

玉衡楼，四到六年级教学楼。寓意：见识不凡，是非分明。敢作敢当，积极进取。

天枢楼，体艺楼。寓意：多才多艺，机敏灵巧。足智多谋，善于交际。

天权楼，图书楼。寓意：沉静仁厚，术有所专。俊雅磊落，口才卓越。

摇光楼，科技楼。寓意：身体力行，求新求变。勇于任事，反应迅捷。

天玑楼，行政楼。寓意：才思卓绝，恪尽职守。以人为本，悦纳百家。

开阳楼，食堂。寓意：刚毅果决，自立自强。吃苦耐劳，不畏挫折。

日晷、银河、节气石、天文台，还有七幢楼，是不是充满了浓郁的“科学”味道？那么，如何体现“人文情怀”呢？

我们的校门就像徐徐打开的卷轴。这卷轴便是中国最古老的书的模样。

校园里有10条路。最西侧是“鲁滨逊路”；最东边是“花婆婆路”；银河两侧是“犟龟路”和“夏洛路”；操场边上的那一条叫作“彼得潘路”。此外，还有“小王子路”“萨哈拉路”“波丽安娜路”“海伦凯勒路”“苏菲路”。你一定看出来了，这10条路是以经典作品中的人物形象命名的。

每一条路都承载着一个品性关键词。比如说“犟龟路”，我们希望每一个人，无论何时都要坚持梦想；“夏洛路”，是要像蜘蛛夏洛那样去对待身边的每一个人；“萨哈拉路”，则希望每个人都记住，自己是独一无二的，是最棒的。

置身校园，就是置身故事，置身美好。小学六年，我们希望孩子慢慢拥有这些人性中最美好的东西，比如说坚持梦想、悦纳自我、担当责任……

我们据此开发了“十品性课程”，就是把一年中去掉暑假后的10个月，与这10条路相关联。比如说三月，就是“花婆婆月”；四月，就是“犟龟月”。每个月围绕品性这个关键词，开展晨诵午读、电影欣赏、习惯养成等各种活动。这个“从路上长出来的课程”，先后被评为浙江省首届德育精品工程、新教育“十佳卓越课程”。

以上就是围绕“人文情怀”与“科学精神”，如何让文化“物化于境”。

让文化植根于心

文化，不光外显于境，更要扎根于心。

在银河，有些话耳熟能详，我们称之为“银河语录”。

“只有珠穆朗玛，不是喜马拉雅”，这是章校长提出来的。他说：“喜马拉雅山脉是世界屋脊。之所以能成为世界屋脊，不是因为有一座世界最高峰珠穆朗玛峰，而是因为海拔七八千米的山峰还有很多。正是这么多的高峰群峰矗立，才成就了世界屋脊。一所学校也是如此。不能只靠一小部分优秀教师，只有每一位教师都自立成峰，整个学校才会变得强大。”

“用智力减轻体力的强度”，倡导的是用智力来减轻体力，提高工作效率。时间省下来做什么？去读书，去健身，去提升生活品质。

“不做第一，只做唯一”，这是我们经常对孩子说的话：“第一”永远只有一个，不必去争；你要牢牢记住的是——你是唯一的，你是最棒的，你要做独一无二的自己。

此外，还有“先有意思，后有意义”“争做标杆，不做短板”“一个人能走多远，要看他与谁同行”“世界，其实就是我们自己”……

这些话是谁说的？是历任校长，以及教师们。日久天长，就变成了“银河语录”。这些话时时激励着我们去做好每一件事情。这是一种精神，是一种力量。这就是植根于心的银河文化。

教师文化秉持“以集体的方式站立”。

2006年，章校长上任的第一件事，就是把13名教师带到桐庐大奇山，进行户外拓展训练。信任背摔、空中抓杠、勇攀天梯……一天下来，流血流汗，疲惫不堪。但大家彼此信任、团结协作，攻克了所有难关。训练结束，章校长说：“请记住，我们的团队必将无坚不摧！”

2008至2009年，我们建立了基于优势潜能的七个教师发展共同体，让每一位教师在自己最擅长的领域实现最优发展。之后，还成立了“1+1”教师成长共同体：一个徒弟，不止一个师傅；一个师傅，也不止一个徒弟。

依托团队力量，我们攻克了很多教育教学中的难题。

2012年，一年级团队研发了“入学课程”，让一年级新入学的孩子消除了恐惧，建立了秩序。该课程已在全国几百所学校推行，广受好评。

2017年，二年级团队研发了“食育课程”，让每一个孩子健康饮食。没有教材，自己编；没有师傅，互相教；没有时间，就用暑假；同事外出，彼此补缺……就这样，做出了一个深受孩子喜欢、备受家长推崇的新教育“十佳卓越课程”。

“以集体的方式站立”，让银河教师心往一处想，劲往一处使，拧成了一股绳。

那么，学生文化又是什么呢？是“不做第一，只做唯一”。

比如，每周一信。从2004年开始，每周五我们都会给家长写信，告知孩子一周的表现，保持家校之间的畅通联系。

比如，全科评语。在我们学校，所有学科教师都要撰写学科评语。我们认为，唯有如此才能更立体、更全面地去评价一个孩子。也许有的孩子语文和数学成绩不佳，但却是长跑冠军，或有着天籁般的嗓音，或是在美术上极有天赋。学科评语会让我们发现每一个孩子的与众不同。当然，写评语不是件容易事。比如一个体育教师，任教6个班级，就意味着要给大概300名孩子写评语。认全这么多孩子已属不易，不要说写出精准的评语了。所以，很多教师写评语，不会等到期末，而是贯穿整个学期——随时发现，随时记录。

比如，全员家访。每年9月中旬到10月中旬，上至书记、校长，下至每位教师，我们会两两一组，登门家访。有位教师说：“进到了这个孩子的家里，看到了这个孩子的生活，走过了这个孩子每天上学的那条路，我终于明白，为什么他作业总会拖拉，为什么他脸上没了笑容。”这样的家访触动了很多教师，也促使他们改进了方法。

其实全科评语也不足以全面记录一个孩子的成长。有没有更好的？有，那就是“电子成长档案”。简单说，就是把孩子在校上课、运动、吃饭、游戏等各种瞬间拍下来或录下来，做进电子档案中。“最常见的是相机，最常说的是相信”，这句话，十分贴切地呈现了老师们用心搜集素材的日常。每每期末，从海量素材中精挑细选，制作成册，是需要耗费数周才能完成的浩大工程。很多家长看到这份电子档案都会十分感动，有的甚至说：“等我的孩子结婚了，我一定要拿它做嫁妆！”

近几年，我们又充分利用了智慧校园“银河大脑”平台，将全科评语、电子档案等所有数据加以整合，推出了银河“星评价”，使评价更为多维立体，也更为方便迅捷。

“守住每一个孩子，擦亮每一个日子”，这是所有银河教育人的坚定信念。

让文化彰显于行

文化，最重要的，还要能从师生的行为上表现出来。

如何让老师“专业成长，尊严体面”呢？

叶青校长常常勉励老师们，要实现“第二曲线”的成长。这个理念源自管理思想大师查尔斯·汉迪，他发现，在现有发展曲线接近最高点而未达最高点前的一个点，可以借助“第二曲线”来实现再次攀升，就有可能实现第二次成长。

如何帮助老师们找到这个点？我们为老师们搭建了很多平台。除了请进来，让国家、省、市的专家来校指导，还把老师们推出去，让他们去广阔的天空翱翔。此外，“银河教师论坛”是最常态的“思享会”，每一位老师都可以上台分享。

我们学校还有很多仪式与传统，让身在其中的我们每一天都感觉不同。

每年的开学典礼，校长、教师代表、学生代表，甚至食堂里的师傅、传达室的保安，都会一一上场，庄重承诺。

每年六一儿童节，我们都会收到校长的礼物。2009年，是一根小绳子和一个创可贴。章校长说：“手指受伤了，可以用创可贴贴一贴。犯小错误了，也要及时地‘贴一贴’。绳子呢，表示所有银河人要拧成一股绳，牢牢系在一起。”2017年，盛校长送的是精巧别致的明信片——水墨社团的孩子们把校园的7幢楼与10条路画了下来；文学社的孩子们配上了一首首小诗，真是让人爱不释手。2019年，叶校长送的是一包花籽儿，让每个孩子亲手种一盆花，与花儿一起成长。校长的礼物很小，但都寄托了大大的祝福与深深的期许。

教师节咋过呢？有时是绿植，有时是鲜花。盛校长还亲自把咖啡送进教室，说就是要让孩子们看到。有一年，学校为每一位老师定制了钢笔，上面刻着一个个金灿灿的名字。而在教师节送上漂漂亮亮的新校服，更是让大家惊喜不已。

章校长离开银河时，念念不忘的是，希望让老师们一日三餐都在学校。而今，这个愿望早已实现了。有位老师这么写道："我的孩子放学后去了教师俱乐部，那里有比他大一些的孩子。他们一起吃点心、写作业、看书，到我下班的时候，我俩一起在食堂吃晚饭，这个时候，路上基本也不堵了。忙碌了一天，终于有了一份从容而闲适的心情。"

我们的教师会一般两周一次，周五举行。不知何时起，走进会场，就会发现座位上放着点心，有时是一根玉米，有时是一杯奶茶，有时是热腾腾的馒头。于是，突然间，一周的辛劳就烟消云散了。

我们还实行错时上下班制度。学校规定：离校较远的老师，可以申请晚半小时上班，或早半小时下班。我就是属于离校较远的，所以，每每能提前半小时下班，从容地坐车回家，心里就会有满满的幸福感。

我们学校还有个传统，那就是"给校长写信"。每学期第一个教师会，校长都会非常认真地点评假期里的教师来信。写得特别好的，予以隆重表彰。他还会把所有问题分类，让相关行政部门认领。这些年，学校采纳了很多老师们的意见，比如新建了智慧教研中心、教师俱乐部，为每间教室都装上了空调……

从2012年起，学校定期举行“感动银河人物”颁奖典礼。我们会下发一个征集表，让老师们推荐最打动自己的那个人。

“早上去打开水，水还没开，陈老师也在那里等。水开了，照理说，该她先打，结果，她非要我先打，说因为她第一节没有课……”

“原先的素质报告单无法同时在线编辑，肖老师帮我们解决了这个大问题，必须点赞！”

“总务处黄老师就像老黄牛，每天都在忙。大冷天，他挥着铁锹在扫雪；国庆节，他在那里忙绿化；暑假里，更是天天守在学校，忙维修，忙基建……”

这点点滴滴细细碎碎的故事，就这样被发现，被言说，搬上了“感动银河”的舞台。有一年，门卫张师傅被推评为“感动银河人物”，主持人让他说说获奖感言。他一手拿着鲜花与证书，一手捧着小金人奖杯，激动地脱口而出：“不是我感动了银河，而是银河感动了我。”

章校长曾说：“一所学校一定要正气满满，要让每一位老师有鲜花开在心里的感觉。”

那么，如何让每一个孩子都自信阳光呢？那就是“让每一个孩子，站在银河的正中央”。

读书节，孩子们可以把自己打扮成最喜欢的书中的人物形象。每一个银河的孩子都可以上“青草地舞台”表演。如果你才艺非凡，学校甚至还可以为你开一场个人演出会。

校园里还有无数“机会榜”。升旗手、领操员、合唱指挥、食堂分餐员、图书管理员、校园礼仪生……只要愿意，你都可以去试一试。

一个个锻炼平台，让孩子们越来越自信，越来越阳光。

那么，如何办一所大气、开放的学校呢？赋能家长，让家长参与学校管理的方方面面。

比如校服定制。建校至今，我们学生的校服经历了好几次更新迭代，但材质鉴定、款式选择、厂家确认、费用收缴，全都由家长把关。

比如家长陪餐。从2010年起，每天都会有家长代表陪同孩子们一起用餐，他们关注食材是否新鲜、口味是否合宜、环境是否整洁，即时做出评价。我们会根据反馈，及时改进。

学校还有燎原基金，用以奖励优秀学生。这笔款项由家委会定期组织全体学生进行废纸回收所得。

2019年，学校进行跑道改建。当时，“毒跑道”事件频发，我们多少有些担心。于是，学校公开招募，一个专业的家长顾问团成立了，他们全程参与了跑道改建的各个环节。最后，我们的新跑道所有指标全部达标，一次性通过了验收。

多年来，赋能家长，开放办学，让家长不再是旁观者与监督者，而成为学校教育的同盟军与合伙人。

2014年，浙江省教育厅的领导听取了我们的课程介绍后说：“真没想到，浙江省未来三至五年要做的事，银河已经在做了。”《中小学管理》的记者曾在学校蹲点一天，写下了一篇文章《看见你们的幸福》。敬爱的朱永新老师说“银河小学，这是一所真正在做教育的学校”，让我们倍受鼓舞。

文化，究竟是什么？你会发现，它真的宛如一轮太阳，让人温暖，让人明亮，让人真真切切地意识到，每一天都在热切地生长。

第三讲

把每一间教室都建成图书馆

上一讲，围绕“让每一颗星星在银河中闪光”这个办学愿景，我们从让文化“物化于境、植根于心、彰显于行”这三个方面，简单聊了“文化，为银河立魂”。

文化，它真的就像一轮太阳，照彻校园的角角落落。你千万不要以为，这么高大上的东西是校长们要操心的事，其实，它跟我们每个人都密不可分。它既是一所学校的育人目标，也是我们共同的使命、愿景与价值观。每一个老师，只有自己先努力做到“目中有人，心中有光”，把这样的状态传递给我们的孩子，传递给我们的同事，整个学校才会处处温暖，处处明亮。

这一讲，我们要聊的是“营造书香校园”。在新教育十大行动中，“营造书香校园”排在首位。朱永新教授说，营造书香校园，是新教育实验最基础、最关键、最重要也是最有效的一个行动。一所学校想要改变，首先从阅读开始。

朱老师的阅读观，可以用以下几句话概括：

> 一个人的精神发育史就是他的阅读史。
>
> 一个民族的精神境界取决于这个民族的阅读水平。
>
> 一个没有阅读的学校永远不可能有真正的教育。
>
> 一座书香充盈的城市必然是一个美丽的城市。

尤其是在学校，朱老师强调“一个没有阅读的学校永远不可能有真正的教育”，他倡导“共读共写，共同生活”。他说：“我们要努力打破教科书和教辅资料一统天下的格局，恢复师生之间、亲子之间的共同传统，为每一位孩子寻找此时此刻最适合他的书籍。”

他把孩子读不读课外书分成了四类：

1. 既不爱读教科书，也不爱读课外书，大多是愚昧无知的；
2. 既爱读教科书又爱读课外书，一般发展潜力巨大；
3. 只读教科书，不读课外书，可能成绩不错，但发展潜力不大；
4. 不爱教科书，只爱课外书，也许成绩不理想，但未来是有希望的。

说到第四类，你不妨想想，这样的孩子有没有？有，而且很多！他们不喜欢教科书，对课外书却是异常痴迷。大家熟知的莫言，可以说是个非常好的例子。囿于各种原因，他小学五年级就辍学了，但因为酷爱阅读，成就瞩目，还拿到了诺贝尔文学奖。

苏霍姆林斯基曾说过：“让学生变聪明的方法，不是补课，不是增加作业量，而是阅读，阅读，再阅读。”他特别强调对“自动化阅读能力”的培养。他认为自动化阅读能力是小学阶段最重要的能力。它的形成有赖于海量阅读。海量阅读的关键期是小学三、四年级，需完成大约2000万字的阅读。可以说自动化阅读能力能否形成，决定了孩子一生的学习水平。

斯蒂芬·克拉生也在《阅读的力量》里强调：

直接教学对提高学生的语文能力没有功效，也就是说，大部分教师花了大量时间在课堂上教字词句、语法规则、语文知识、阅读方法，基本上是浪费时间，远不如让孩子自由阅读成绩更突出。

所以，教材学习与课外阅读，必须两条腿一起走。但很多时候，我们常常忽略了这一点。

把每一间教室都建成图书馆

“阅读之于师生的意义，恰似呼吸之于生命”，这是我们对于阅读的理解。

我们学校的图书馆藏书有5万余册，并与杭州市少儿图书馆联网。孩子们可以在这里借书、看书。校园里有24小时智能图书漂流柜。廊道里配有超星阅读系统，下课时，孩子们可随时浏览。

不过，图书馆虽好，但离孩子有点远；图书馆书多，却非每本都适合。

因此，我们提出了“打造高品质书柜，把每一间教室都建成图书馆”的口号，努力为每一位孩子提供此时此刻最适合他的书。

我们制订了如下《高品质班级书柜标准》：

1. 书目质优：契合学生年龄特点。所有书目都经过精选，质量高。
2. 类别多样：核心学科老师推荐书目，书目类别相对齐全。
3. 数量充足：生均数量不少于10册，且处于不断更新中。
4. 制度健全：有规范的借阅制度与学生阅读记录。
5. 布置整洁：书柜有固定的名称，外观整洁，布局合理。
6. 富有创意：在班级书柜打造方面有独特的创意。

最重要的是前面两点：书目质优，指的是进入教室的每一本书，都要精选，必须高度契合学生的年龄特点；类别多样，指的是语文、数学、英语、科学等核心学科老师都必须开出合宜的书单。

有了标准，如何实施？

首先是“书单制订”。孩子从家里带来的书未必适合，老师又没有太多的时间挑选，怎么办？朱老师领衔新阅读研究所，历经数年，精心研制了“中国人阅读书目”系列丛书，其中就包括“中国小学生基础阅读书目”“中国幼儿基础阅读书目”等。这个书目从科学、人文、文学三个维度，综合考虑了学生的阅读需求，可谓营养均衡。

如果你是小学教师，可以先读一读《中国小学生基础阅读书目·导赏手册》。这本手册详细告诉我们最适合小学生阅读的100本书。每本书都包含作者简介、内容简介、导赏、延伸阅读等，指导我们如何带领孩子阅读。

当然，光有这个书单是不够的。我们老师往往会再做补充。每年9月新学期开始，各学科的老师们就会仔细研究，为孩子们制订合宜的书单。

其次，有了书单，书从何来？这很关键。毕竟，大多数班级都没有专门的款项。

我们有个很管用的办法，就是“忽悠”。班主任会在班级群征求家长意见：“现在有一笔买卖放在您面前——如果您出50元，那未来一年，您的孩子就有可能读到价值500元甚至5000元的书，您愿不愿意参与？”估计就会有家长响应。老师就继续说：“明天，我们要举行认购会，如果有意愿，您就嘱咐您家孩子积极认购哦！”第二天，班主任就举行隆重的认购会。比方说，“彩乌鸦系列”，160多元，谁想认购？这时候，可能就有3个孩子举手认购了。以此类推，整个书单以这样的方式完成认购。

所以，所谓的“忽悠”，其实是一种智慧。家校联手，出钱出力，一起为孩子们买到最适合他们阅读的书。

有了书，怎么管理？其实完全可以交由认购当事人来完成。

比如包书皮与贴标签，标签信息尽量简洁，班名加序号即可。所有书目按序号排列，借完归还时，插入原位置即可。这样，书柜上的书总是整整齐齐的。

比如日常借阅与打理，如果有同学要借阅“彩乌鸦系列”，就由这几位同学负责借出登记、归还登记。发现书目破损，也由这几位同学负责保养维护，甚至追责。

学年结束后，这些书该怎么办？同样，由认购的学生决定。比方说，均分，带回家；比方说，在“校园读书节”红领巾跳蚤书市上售卖，换来的钱再买新书；比方说，捐赠给下一届的学弟学妹……

我们学校的大多数班级就是以这样的方式来打造班级书柜的。简单说，书单制订靠老师把关，书目购买靠家长众筹，书目管理靠孩子操心。当然，关键的关键，是要让家长以及孩子们深刻地意识到：阅读，是必须的；阅读，是与吃饭一样重要的大事。一旦这样的理念得到家长认同，那么家长就会大力支持。有的班级图书多达人均几十本，就是非常好的例子，说明这个班的家长特别“会做买卖”，他们知道这是稳赚不亏的好生意。

当然，光有书柜还不够，氛围营造也很重要。小学低中段的孩子总是很闹腾，一下课就嬉戏追逐，跑个不停。但是，如果教室里有这样一个角落——漂漂亮亮的地毯，松松软软的靠垫，他的脚就会不由自主停下来。当他惬意地坐在地上，就会想，是不是缺了点什么？对啊，若是手上有一本好看的书，那就太妙了。所以，一旦孩子爱上阅读，就会变得越来越安静，越来越专注。

从2012年起，每年9月，我们只做一件事，那就是集所有老师与家长的力量，打造高品质的班级书柜，为孩子们提供当下最需要的书籍。

通常，我们会选择9月28日这一天进行班级书柜交流。其实早些年，我们是由评委打分，评出一二三等奖。但老师们有意见了：“同样在书柜打造上花了很多心思，凭什么人家是一等奖，我才是三等奖？这不是打击了我的积极性吗?”所以我们就想，评比的目的是什么?是为了把书柜做得更好，于是，我们就弱化了评比，突出了交流。怎么做呢?我们设计了一个表格：第一栏，评比标准，就是刚才提到的六条；第二栏，本班亮点，讲清楚自己班书柜的特色与亮点；第三栏，其他亮点，每位老师至少参观20个班级，把别人的特色亮点写下来。

随后，德育处会专门召开一个书柜展评会，逐一展示每个班“自评的亮点”与“他评的亮点”。这下，老师们开心了。因为自己的付出得到了肯定，同时也从别人身上学到了很多。我们还尝试让新进银河的老师来点评书柜。为了做好点评，就必须看得更仔细，说得更精准。而这个过程，让新手迅速上路了。就这样，每年的交流变成了良性循环。每个班的书柜也越做越好了。

那为什么要选9月28日呢?因为9月28日是孔子的诞辰日。朱永新老师曾连续20年呼吁，建议把孔子诞辰日设立为国家阅读节。他认为，共同富裕不仅仅是物质生活的共同富裕，更包括精神生活的共同富裕，而精神生活共同富裕的基础是阅读。要用全民阅读来夯实共同富裕的精神基础。

虽然朱老师的呼吁还未成为现实，但是，我们把这一个特殊的日子确定为了“银河阅读节”。

经过书目选择、书目认购及书目管理，高品质的书柜就完成了。“书，是甜的”“书，带我飞翔”“让阅读，成为一种习惯”这些生动形象的话语，出现在了教室里。

“把每一间教室都建成图书馆”，虽然，教室里的书柜没有图书馆那么大，那么气派，但它有两大优点：首先，每一本书都是最适合这间教室的这些孩子的，我们不用担心这本书会让孩子消化不良；其次，它离孩子最近。想看书了，走上几步，伸手可取，非常方便。所以，从这个角度来说，教室里的书柜比真正的图书馆还要棒，对不对?

把最宝贵的时间给最重要的阅读

书有了，还缺啥？缺时间。

是的，保障孩子的阅读时间太重要了。

以前，孩子们阅读大多是碎片的时间，下课了、放学了、睡觉前……作业、培训班，把他们的每一天塞得密不透风，留给阅读的时间少得可怜。

从2014年起，我们把阅读排入了课表。

第一个时间段是每天7：40至8：00的晨读。每天早上7：38，校园里会传出悦耳的提示音：

“孩子们，晨间阅读时间到了，你准备好了吗？没有一艘船，能像一本书那样，把人带向远方。书，是甜的！打开书本，静静阅读，让我们开启美好的一天吧！”

就在这样的提示音中，孩子们快速走进教室，放下书包，开始阅读。老师们走进教室，不是收交作业，而是拿起书，和孩子们一起阅读。这个时候，整个校园都是安安静静的，所有人都沉浸在书香之中。早上七八点是人一天中记忆的黄金时间，我们把最宝贵的时间留给了最重要的阅读。

第二个时间段是8：00至8：20的晨诵。“晨诵·午读·暮省”，是儿童生活的重要方式。我们倡导每个班一周两次晨诵，每次20分钟，让孩子的心灵与黎明共舞。

第三个时间段是每周三中午的整书共读。这段时间，全校都在共读。什么叫共读？就是一个班里的所有人，读的是同一本书。为什么要共读，后面会细说。

第四个时间段是每周一下午的拓展课程时间。我们开设的拓展课程，有些就与阅读相关。

所以，粗粗算来，孩子在校周阅读的时间至少170分钟。如果再加上每天回家至少半小时或一小时的自由阅读，那实际时间还会更多。

所以，我们常常会看到截然不同的两幕：

最开始，父母跟孩子说："你要好好看书哦，再看5分钟，好不好？"

到后来，孩子迷上了书，话就反过来了："哎呀呀，都9点多了，赶紧睡哦，最多再看5分钟！"

零负担阅读

最近几年走访了一些学校，常会看见壮观的一幕：大厅、走廊，密密匝匝堆着孩子们的采蜜本、读书小报、读书笔记，还有老师们的摘抄记录与读后感。大家是不是觉得，没有这些，就不足以证明我们在阅读？

但是，这真的是老师和孩子乐意做的事吗？打个比方，我看了一本特别好看的书，跟你说："王老师，这本书真的很好看，推荐给您哦！"你可能会想，朱老师推荐的，说不定确实好看，那我找来看看。我紧接着说："王老师，当您看这本书的时候，请把好词好句画下来，然后呢，再写个1500字的读后感。"请问，这个时候，你还想不想读了？

所以，兴趣是最重要的。当孩子的阅读兴趣还没培养起来的时候，附带各种任务，孩子就会心生恐惧，哪怕故事再好看，也不想看了。

斯蒂芬·克拉生在《阅读的力量》中强调：

> 最好的阅读，是自由阅读，也就是无压力阅读。这样的阅读，是为了兴趣而阅读，不需要写读书报告，不必回答每个章节后的问题，也不用为每个生字查字典，甚至可以随时放弃自己不感兴趣的书。只有如此，才能最大限度地激发兴趣，训练意志，形成恒定而持久的终身阅读习惯。

我们深以为然。我们给孩子们的要求是：只需填写“学生阅读清单”。这个清单跟采蜜本上的不一样。清单最上面写着“书是甜的”，旁边是班级、学号与姓名。底下是一个表格，依次是序号、书名、字数、推荐指数。

比方说，把《夏洛的网》看完了，就在“序号”里写“1”，填入书名。再翻翻看，这本书多少字？哦，109千字，填进去。那“推荐指数”是啥意思？就是你如果觉得这本书很好看，就打★★★★★；感觉一般般，就打★★★；觉得不好看，就打★。这个“推荐指数”，其实是让孩子快速做出评价。填好就好了吗？好了。你就继续读第二本、第三本。你陆陆续续地读，陆陆续续地记，一学期下来，就把这个清单记下来了。

有没有人来检查？没有，自己记就可以。一学期结束了，怎么办？班主任老师就会把所有孩子的阅读记录交上来，做个漂亮的封面，写清班级信息，然后上交到德育处。德育处会对全校孩子的阅读状况做简要的分析，然后，将阅读记录统一保存到学校档案室。

这样的阅读清单，我们从2009年就开始了记录。以2010年第一学期307班为例，全班共读了《彼得·潘》《爱丽丝漫游奇境记》《犟龟》《时代广场的蟋蟀》《特别的女生萨哈拉》等8本书，自由阅读了850本，人均阅读21本，还一起观看了3部电影。

若是再翻翻当时的阅读记录，可以发现，一二年级孩子的阅读量是100万字—200万字，三四年级是500万—800万字，而五六年级，大概可以到1000万字。

你是不是觉得不可思议：怎么能读这么多？前面说过，苏霍姆林斯基提到一个重要概念“阅读自动化”。什么叫阅读自动化？就是在阅读中，注意力不用停留在任何字词上，眼睛扫过去，就能快速地从一行文字中汲取意义并形成画面。

我们形容书看得快，会用“一目十行”。但是，真正达到阅读自动化的孩子，可能就不止一目十行了。

接下来，说个真实的故事。

2016年，我校有个三年级的孩子张道一，出版了他的个人诗集《喜鹊先生的信》。诗集由上海三联书店出版，钱钟书的学生蔡镇楚教授题签，林徽因的侄儿林治先生作序。林治先生是我国非常著名的茶文化研究者，他说：“道一写的诗，填补了中国儿童诗的一个空白。”

我十分好奇，觉得这诗集背后一定有故事。我联系了道一的爸爸，他发给我一个文件《笑里藏道》，记录了养育儿子的点点滴滴。细细阅读，我找到了答案。他说他的家乡有句俗语，叫作“三代不读书，活似一窝猪”。所以在他们家，读书，是从小就养成的一个习惯。只要有空，他们就会带着道一去书店。每天睡前，夫妻俩都会读书给道一听，一本书读上十遍是再正常不过的事。

道一上小学后，班主任卢老师不光鼓励孩子们阅读，还跟他们说：“如果你想写点什么，就写在家校联系本上。”

就这样，道一每天写，老师每天改。一年级，道一还不会写字，于是，孩子口述，父母记录；再后来，过渡到拼音，到汉字。这些诗啊，越来越生动，越来越精彩。到三年级，竟然积累了七八百首诗。他爸爸就想：要不，给他做一个阶段性回顾？于是，就有了这本诗集。

这里必须提一提卢老师。她最喜欢做的事，就是每天早上带着孩子们晨诵。每次路过她的教室，就会发现孩子们双手反背，腰杆笔挺，在那里摇头晃脑，尽情吟诵。就这样，一届又一届，孩子在换，卢老师的晨诵从没停过。

现在，让我们一起来思考：小小的道一，为什么能够写出那么精彩的诗集？我想这就是家庭与学校高度重视阅读的结果。看似偶然，实则必然。道一小学毕业时，又出版了他的第二本书《一道快乐的光》，这本是散文集。

两年前，上海思来氏公司为我们做了一个大数据分析。数据显示：凡是成绩好、负担轻的孩子，都有个共同的特点，那就是90%以上每天都会阅读纸质书。这个结论再次印证了阅读的重要性。

所以，学校也好，家庭也好，我们一定要把最好的书籍，给最美丽的童年；把最宝贵的时间，给最重要的阅读。

拯救孩子阅读从拯救教师阅读开始

第斯多惠在《德国教师培养指南》中提出：凡是不能自我发展、自我培养和自我完善的人，同样也不能发展、培养和教育别人。

所以，拯救孩子阅读需从拯救教师阅读开始。如果老师不阅读，那么，引导孩子阅读其实是句空话。

朱永新老师曾说过："专业阅读，是站在大师的肩膀上前行。阅读，是教师专业发展的必由之路。"

那我们是怎么读书的呢？

2008年，我们成立了一个读书会，章校长带着我们阅读《教育的哲学基础》。第一次共读，老师们兴致勃勃参加了；第二次共读，一个个打退堂鼓了：好难啊，读不下去。

怎么办？我们想了一个办法。首先，把书换成了相对浅显的《给教师的建议》。这本书被称为教育教学的百科全书。曾有人说如果没读过这本书，就不能称其为一个合格的老师。

怎么读？我们先把100条建议重新分类，比如谈阅读的归为一类，转化学困生的归为一类。每周一，告知老师学习内容，提前熟悉，做好准备。

周五教师会，老师们一进会场就发现大屏幕上滚动着所有老师的名字。共读开始，随机抽取四位老师：第1、2位，是发言人，具体谈阅读体会；第3位，即兴点评两位老师的发言；第4位，对本次读书活动进行记录与报道。随着大屏幕的滚动，所有老师的心也是起起落落，既渴望，又害怕。

就这样，2008年，我们足足花了一年的时间，读完了《给教师的建议》。最开始，大家觉得有点枯燥。到后来，大家惊讶地发现，苏霍姆林斯基这100条建议真的太好了，帮助我们破解了教育教学中许许多多的难题。

类似这样的共读，我们坚持了很多年。2019年，我们共读了查尔斯·都希格的《习惯的力量》，以及朱永新老师的《未来学校》。遗憾的是，老师们实在太忙了，能够坐下来一起读书的时间总是少之又少。

以上就是我们“营造书香校园”的行动与思考。

2015年，我们学校很荣幸地被阅读改变中国组委会授予“全国书香校园”称号，当时的颁奖词是这么写的——

这，是以中国最古老的卷轴作为校门造型的学校。

这，是用十本世界经典著作命名校园道路的学校。

这，是立志于把每一间教室都建成图书馆的学校。

一天中最宝贵的清晨，全校自由阅读。

课表里确保一周一节，上好儿童课程。

档案室辟出专门区域，珍藏阅读记录。

入学第一周，孩子们享受的是以儿童课程为核心的入学课程。

日常每一天，孩子们沐浴的是自信阳光的十品性课程。

毕业那一刻，孩子们聆听的是校长娓娓讲述的绘本故事。

这，就是银河。

每一寸时光都见证着：最美好的东西，滋养最美丽的童年。

这，大概就是我们卷轴样的校门所传递的理念——

走进银河，一生与书相伴。

第四讲

儿童课程：晨诵·午读·暮省

上一讲，我们围绕“营造书香校园”，阐述了“把每一间教室都建成图书馆”的理念，讨论了如何制订书单、认购书目以及科学管理，从而让孩子们以最便捷的方式，读到与他们年龄最匹配的图书。

当然，只是让书静静躺在那里，老师不做引领，那之前所做的努力，很可能就白费了。所以这一讲，我们来聊聊如何依托新教育儿童课程引领孩子阅读。

儿童课程有三个关键词：晨诵、午读和暮省。晨诵，就是在晨间诵读；午读，就是午间阅读（当然不限于中午）；省，就是反省、反思。当夜幕降临，一天结束，我们需要好好反思一下这一天是怎么学习、怎么生活的，这就叫暮省。

当然，这里的早晨、中午、傍晚更多的不是一个时间概念。同时，晨诵、午读与暮省也不仅仅指向阅读，那会是什么呢？你可以一边读，一边慢慢体会。

晨 诵

提到晨诵，你是不是马上会想到唐诗宋词、国学经典？不过你可能没有认真想过两个问题：一是孩子是否喜欢，二是孩子是否适合。或者说，直接关乎“晨诵究竟为了什么”这个终极问题。

2007年我去贵州支教的时候，第一次遇到了金子美铃的诗。金子美铃喜欢写诗，但她对文学的热爱却没有得到家人的认可，27岁的她选择了自杀。她去世以后，她的诗才得以被发现。有人评价说：她清新明澈的诗，微照的是对人及自然的感动之声，她以清丽的心，俯仰天地，与万物、平等、慈悲同在。

《向着明亮那方》，就是其中一首：

向着明亮那方，
向着明亮那方。
哪怕一片叶子，
也要向着日光洒下的方向。
——灌木丛中的小草啊。

向着明亮那方，
向着明亮那方。
哪怕烧焦了翅膀，
也要飞向灯火闪烁的方向。
——夜里的飞虫啊。

向着明亮那方，
向着明亮那方。
哪怕只是分寸的宽敞，
也要向着阳光照射的方向。
——住在都会的孩子们啊。

这首诗还被谱上了曲。在我们学校，每天早上，老师和孩子们走进校门听到的第一首歌，就是《向着明亮那方》。听着这样的歌，你会觉得：哇，美好的一天开始了！心中一下子就充满了力量。

再来看另一首诗，《春天的早晨》：

鸟儿不要叫，
天气这么好，
呼噜噜，呼噜噜，
再让我睡一觉。

上眼皮想要睁开，
下眼皮还不愿醒来，
呼噜噜，呼噜噜，
再让我睡一觉。

很多孩子的第一反应：咦，这人怎么知道我还想睡觉呢？怎么知道我上眼皮想要睁开，下眼皮还不愿醒来呢？所以这样的诗，孩子们一看就会喜欢上。这样的诗怎么教？其实不用怎么教，让孩子想怎么读就怎么读，读上几遍，就可以了。

像这样深受孩子喜欢的诗人还有很多，比如谢尔·希尔弗斯坦。他是一位享誉世界的艺术天才，集诗人、插画家、剧作家、作曲家、乡村歌手于一身。他的作品非常丰富，有《人行道的尽头》《阁楼上的光》《失落的一角》等。

在美国，哪里有孩子，哪里就有谢尔的诗。为什么谢尔的诗能让孩子如此喜欢？我们来看看吧。

小孩子啊，最讨厌做作业了。要是有一个专门做作业的机器来帮忙，那是不是很棒？谢尔一眼就看出了孩子们的心思，写下了这首《作业机》：

作业机，哦，作业机，
世界上最完美的机器。
只要把作业放进去，再投进一角硬币，
按下按钮，等上十秒，
你的作业就会出来，
又干净，又整齐。
来看看——“9+4=?”答案是“3”。
3?
哦，我的天！
看来它没有我想的那么神奇！

你看这首诗，是不是也像《春天的早晨》那样无需解释？但孩子们一看就笑了：原来，这个作业机啊，并没有想象的那么管用。

再来看《拥挤的浴缸》：

浴缸里的孩子太多太多，
有那么多胳膊要搓。
我刚洗了个屁股，
可那绝对不属于我。
浴缸里孩子太多太多……

哈哈，好玩吧？

除了金子美铃、谢尔，还有很多特别棒的作家。比方说方素珍写的《明天要远足》：

翻过来，
唉——
睡不着。
那地方的海，
真的像老师说的，
那么多种颜色吗？

翻过去，
唉——
睡不着。
那地方的云，
真的像同学说的，
那么洁白柔软吗？

翻过来，
翻过去，
唉——
到底什么时候，
才天亮呢？

每次晨诵这首诗的时候，孩子就会问："老师，我们明天真的要去远足吗？去哪里？"那种急不可待的样子，太可爱了！这些诗啊，真的道出了孩子们的心声。

再来看谢武彰写的《春天》：

风跑得直喘气，
向大家报告好消息，
春天来了，春天来了！

花朵站在枝头，
看不见春天，
就踮起脚尖，急着找，
春天，在哪里，
春天在哪里？

花，不知道自己就是春天。

很多老师教学的时候，故意把最后一句“花，不知道自己就是春天”先藏起来，待孩子们读完前面的，再出现最后一句，于是，孩子们便恍然大悟，会心一笑。

举了这么多例子，你大概明白我的意思了。那就是，晨诵内容的选择非常重要。只有那些贴近生活，与儿童年龄相符的诗歌，才会让孩子们喜欢。

而“孩子喜欢”，是晨诵非常重要的前提。

那么，晨诵怎么教呢？

首先，孩子想怎么读就怎么读。喜欢一个人读，就一个人读；喜欢和同桌合作着读，就分角色读；如果想像诗里边描述的那样“踮起脚尖”，行，你就踮起脚尖，做出那种急着要找春天的样子来。孩子们在教室里一会儿演风，一会儿演花朵，在那里开开心心地读，就可以了。也许你会问，这样读就好了吗？是的，可以了。要不要抄？不用。要不要背？不用。要不要默写？更不用。你是不是急了：那怎么行啊，不写不背，孩子不就没收获了吗？

别急，一会儿你就会明白，为什么要晨诵了。

我们先来完整模拟一次晨诵教学全过程：

当PPT呈现一个阳光照进树林的画面，孩子们就知道，晨诵要开始了。

师生一起，调整好呼吸，然后，开始互相问候：

早安，孩子们！

早安，朱老师！

整个早晨，我一直看着你们。

整个早晨，我们一直看着您。

怎样把每一寸玲珑的晨光，变作七彩的朗诵，嚼成书本的芳香。

怎样把每一寸玲珑的晨光，变作粉笔的舞蹈，嚼成知识的芳香。

问候结束，开始学习今天的内容——雪野老师的《爱读书的树叶》：

爱读书的树叶，
捧着阳光读，
一天一遍，
读得兴奋满脸。

爱读书的树叶，
捧着月光读，
一夜一遍，
读得平平安安。

一听说风老师来检查，
每片树叶，
便摇头晃脑，
齐声朗读。

这首诗，三小节。首先，让孩子们自由读，指名读，男女生分节读（建议第一节女生、第二节男生、第三节齐读），总之，各种方式读一读。

读完以后做什么？我们来变一个“魔法”。老师说：“孩子们，在我们班里呀，有很多像树叶那样爱读书的小朋友，比方说乐乐同学。”老师走到乐乐身边，说：“来，乐乐，请站起来，我跟你配合着来读一读。”老师就读第一句“爱读书的（乐乐）呀”，乐乐就紧跟着读：“捧着阳光读，一天一遍，读得兴奋满脸。”然后老师继续读：“爱读书的（乐乐）呀”，乐乐接着读，读完第二节。

老师又说：“我们班爱读书的可不止乐乐一个呀，继续找找看。”于是又找到一个小朋友，老师说“爱读书的（瑶瑶）呀”，然后就与瑶瑶同学一起合作朗读。

你可能猜到了，这些站起来的小朋友，每一个都会读得很开心。为什么？因为看似读诗，实际上是老师在变着法儿表扬学生啊，当然读得很带劲了。

我们不光可以一个一个读，还可以两个两个读。读完了，老师继续问：“孩子们，我们班还有哪些同学特别爱读书呀？你把那个同学的名字放到括号里，就把这首诗送给他。当然，如果你觉得你也很爱读书，就把你自己的名字放到括号里去。”于是，孩子们立马开开心心地读起来了。

到此为止，你有没有发现，雪野老师这短短的一首诗，现在已经变了——变成了老师对孩子们当下生活的一种肯定。

最后，老师把这首诗稍做改编，送给了全班同学——

爱读书的我们，
捧着阳光读，
一天一遍，
读得兴奋满脸。

爱读书的我们，
捧着月光读，
一夜一遍，
读得平平安安。

爱读书的我们，
跟着老师读，
年年岁岁，
读得快快乐乐。

现在，让我们一起来思考最重要的问题：为什么要晨诵？

是为了像学习语文那样，会读、会写、会背诵这些诗吗？显然不是的，它还有更深层次的目标，那就是将诗歌与孩子当下的生命牢牢地联系在一起。

所以，晨诵有三个要求：

第一，要吻合学生年龄特点。比方说让低段孩子诵唐诗宋词或国学经典，真的有些看不懂。长此以往，他们会对文字本能地产生抵触。

第二，以诵读感悟为主，不抄不背。这跟上一讲提到的零负担阅读是一样的。培养孩子的晨诵兴趣，最为重要。

第三，与孩子当下的生命相结合。我们在学习《爱读书的树叶》时，悄悄地从诗歌的学习迁移到鼓励爱读书的孩子。这种小技巧可以灵活地用在很多晨诵诗歌中，会产生意想不到的效果。孩子们就在这诵读中不知不觉爱上了诗歌。

所以，晨诵还有个特别美的说法，叫作“与黎明共舞”。“与黎明共舞”，是声音的舞蹈，是身体的舞蹈，是灵魂和精神在黎明被词语所唤醒，让整个生命舞动起来。

如果我们像往常那样教学——读一读，抄一抄，背一背，那是生硬地把文字灌进脑海里，塞进生命里，而不是让文字自然而然地流进孩子心里，让文字与孩子的身心融为一体。

之前跟大家介绍过卢老师，她就是坚持每天带着孩子们晨诵。孩子们看到晨诵的画面，听到晨诵的音乐，就感觉精神一振，就会在心里对自己说："哇，美好的一天开始了！"这是多好的状态！

你也许总担心孩子们不抄不背就等于白学，事实上，很多孩子在写春游的作文时，自然而然就会用到刚才方素珍老师的诗。为什么？因为文字就是这么神奇，死记硬背往往记不住，但是当文字触动孩子时，反而牢牢烙印在了心里。等到触景生情，想要表达，这些文字就在需要的那一刻，汩汩而出。

午　读

那午读又该怎么做呢？午读也有三个要求：

第一，要保持故事的完整性。

低年级孩子在看课外书时，经常会遇到不认识的字，怎么办？很多家长或老师的第一反应就是赶紧去查字典，赶紧去问身边的人。注意，这不是最好的办法。因为当他去查这个字、问这个字的时候，他正在阅读的故事情节就被迫中断了。要知道，孩子被阅读吸引，其实是被故事吸引。所以最好的方式不是停下来，而是跳过去，或者猜过去。当他跳过去，猜过去，故事情节仍是完整的，一知半解不要紧，知道故事大概就可以了。

保持故事的完整性，还有另一层意思，就是别把阅读课上成语文课。很多老师上阅读课的时候，会像上语文课那样不停提问：这个字怎么读？这个词是什么意思？这段话在讲什么？非常碎。这同样破坏了故事情节的完整性。

第二，要围绕主题来设计提问。

举个例子。我们学校有条犟龟路，源自米切尔·恩德的绘本《犟龟》。这样一个绘本，怎么教？很简单，我们只要做一件事，那就是绘声绘色地把这个故事讲给孩子们听，这中间不要停下来问问题。讲到怎样一种程度？就是孩子真的好像被你带进了这个故事。《犟龟》讲的是狮王二十八世邀请大家去参加它的婚礼。犟龟陶陶就想：我一定要去。可是路途遥远，一路上，很多人嘲笑它："你呀，爬那么慢，什么时候才能爬到山顶呢？"但陶陶就是不放弃，它说："只要坚持，一步一步总能走到！"就这样历尽千辛万苦，快到目的地时，却听说狮王已经去世了。当它终于赶到现场时，赫然发现，狮王二十九世的婚礼正在进行中。

当我们把这个故事讲完，可以提两个问题：

孩子们，犟龟陶陶为了参加庆典，一路上遇到了哪些困难，都是怎么克服的？

孩子们，如果犟龟陶陶最终没有赶上庆典，那这一趟路是不是白走了？

第一个问题其实是对故事的梳理。第二个问题特别有意思，很多孩子会马上认同，但仔细一想，又有了新想法：它没有白去——因为这一路上它收获了很多东西，比如说锻炼了自己的意志，认识了很多朋友，看到了沿途的风景……

这么一讨论，这本书最核心的主题就出来了：只要上路，就会遇上庆典。它告诉我们：在生活当中，只要坚持梦想，只要付出努力，总会有收获。

这样的绘本，如果是一个人读，那就只是知道了这个故事的情节。当老师带着所有的孩子一起读，也就是“共读”，那就会拥有“共同的语言密码”。以后，只要提到“只要上路，就会遇上庆典”这句话，所有读过的人都会会心一笑：嗯，是的，我们不怕困难，我们一起努力。但没有读过《犟龟》的人就听不懂。

再举个例子。我们学校还有一条夏洛路，源自E. B. 怀特的《夏洛的网》，它讲的是蜘蛛夏洛和小猪威尔伯之间的友谊，揭示了生命的价值与意义。我校的韩老师是这么带孩子们读这本书的：

首先，让孩子们自由阅读这本小说。读完了，韩老师组织学生进行主题探讨：什么是真正的友谊？谁是你的夏洛？你想成为谁的夏洛？

接下来，韩老师说：“光读这本书还不够，我们要把这本书演出来，你想当谁？”于是，就有了角色竞演。想演谁，可没那么简单，得熟悉台词，得学会合作。一时间，每一个孩子都在为争取心仪的角色而努力。

最后，《夏洛的网》被搬上了舞台。可是，《夏洛的网》总共没几个角色，而一个班有四五十个学生，怎么办？韩老师设计了分幕演出：这一幕由这些人演，那一幕由另一组演，让每个孩子都有上台的机会。

你发现了吗？这样的演出，与传统的演出完全不同。孩子读了书，又演了剧，他会入书入境，找到自己的人生镜像，明白什么是真正的友谊。

第三，要契合学生当下生活。

我们再来举个例子。《绿野仙踪》是一本关于追寻梦想的书，特别适合三四年级的孩子阅读，讲的是一个叫多萝西的小女孩，被龙卷风刮到了一个陌生的地方，她想要回家。之后，她遇到了渴望拥有智慧的稻草人，想要获得爱心的铁皮人，以及希望变得勇敢的狮子。他们听说魔法师奥兹能帮助他们实现愿望，于是一起踏上了寻找奥兹的黄砖之路。可是，当他们找到奥兹才发现奥兹其实是个大骗子。不过，他们意外地发现，在寻找奥兹的漫长过程中，他们已经拥有了各自想要的东西：亲情，智慧，爱心，以及勇气。也就是说，本来他们渴望别人帮助自己实现愿望，后来发现，只有靠自己才能让愿望成真。

如果我说，这本书可以读一年，你可能会觉得很奇怪：咦，孩子不会厌倦吗?

很多年前，我们学校的张敏霞老师带着她三年级的孩子们开启了《绿野仙踪》之旅。她说："亲爱的孩子，你是谁？你是那个渴望拥有智慧的稻草人，是那个想要获得爱心的铁皮人，还是那个希望变得勇敢的狮子？"

"亲爱的孩子呀，你心中的愿望是什么？或者说你的梦想是什么？"

每个孩子心中都有愿望，她让孩子们把心愿写下来，折成一只只纸船，贴在后面的墙上。她说："一年以后，我们再把这些纸船打开，看看心愿有没有实现。"

怎么才能实现自己的愿望呢？她说："就让我们从《绿野仙踪》中去寻找答案吧。"于是，他们开始读这本书。

随着共读的深入，孩子们渐渐明白了，原来帮多萝西他们实现梦想的不是魔法师，而是他们自己。孩子们也渐渐明白了，要实现梦想，不能靠老师、父母，关键是靠自己。

这一年里，张老师一边带孩子们经历丰富的校园生活，一边带孩子们反复品读《绿野仙踪》。学习进步了，孩子们会像多萝西他们一样互相庆祝。拔河失败了，他们就像多萝西他们那样分析原因，吸取教训。也就是说，孩子们每天的学习和生活，都跟读这本书牢牢地联系起来了。

接着，张老师又提出了新要求："在期末，我们要演出这个童话剧，咱们赶紧准备哦。"孩子们立刻就忙开了。

学期结束那天，张老师招呼我："朱老师，我们要进行《绿野仙踪》的演出，要不要过来看看？"我马上就去了。

地点在学校的3号会议室，所有的孩子都到了，所有的家长也都到了。舞台、布景、服装、道具等，全都准备妥当。演出非常顺利。当最后一幕终了音乐响起的时候，孩子们齐声朗诵：

在彩虹之上的某个地方，
青鸟悠然飞翔，
青鸟超过了彩虹，
那么，我为何不能？
如果快乐的小青鸟儿，
飞过了彩虹，
并且，你勇敢实现的那个梦已经实现。
如果快乐的小青鸟儿，
飞过了彩虹，
那么，我为何不能？

孩子们是含着眼泪读完的。显然，此刻，诗，已经不是诗了。是什么呢？是心中的愿望得以实现，未来的旅程即将开始，感动、欣慰、憧憬……这样的一种百感交集。所以，最后的演出为这长长一年的阅读之旅画上了完美的句号。这些快乐的小青鸟们，分明都已寻到了飞翔的方向。

每当想起这些，我就特别感动。这小小的一本书啊，它带给孩子们的，可能是烙印一生的东西啊。

所以，午读，与孩子当下的生命高度契合，就是让书中的故事和孩子当下的生活完全打通。这样，阅读才会产生巨大的力量，恰似一盏明灯，照亮孩子们的童年生活。

暮　省

最后，简单说说暮省。

小学低段，可以进行读写绘；中高段，可以写日记、编小报、写读后感。

我们重点说说低段的读写绘。你有没有发现，一二年级或是幼儿园大班的孩子特别喜欢画画，而且一画就能画很久。为什么？因为这个年龄段是孩子创造力和想象力最丰富、最强大的时候。这时候的孩子，既不擅长用语言流利地表达，也不能像中高段孩子那样用文字书写内心，但这么个小小的人啊，跟我们一样，也是有很多很多的情感想要表达出来的。怎么表达？那就是画画。

所以，我们就应该抓住这样一个关键期，让孩子能够把内心的情感表达出来。比方说，刚才读完《爱读书的树叶》，就可以安排这样的作业：亲爱的孩子，你觉得身边还有哪些特别爱读书的人啊？来来来，把他们画下来吧。比方说，读完《犟龟》，你就可以说：犟龟一路上还会遇到哪些困难呀，你能把它画下来吗？犟龟参加完狮王二十九世的庆典以后，是怎么跟小伙伴分享的？

孩子们就会高高兴兴去做这些作业。

那么，如何评价读写绘作品呢？要注意的是，我们不是从美术学科“像不像”的角度去打分，而是让孩子自己来分享：“你能不能把你画了什么讲给大家听啊？”当然，一节课不能分享每一个孩子的作品，怎么办？让同桌互相讲呀。

这样的课就叫暮省。我们可以给孩子准备一个速写本，也可以是8K铅画纸，让孩子随时把自己的所思所想表达出来：跟爸爸妈妈逛了商场，上了一节特喜欢的美术课，或者读了一本好玩的书，结识了一个好朋友，都可以画下来。我们就用这样的方式引导孩子保持对自身生活的反思，并发展他们的反思能力。

至于时间，如果是绘本教学，那么，老师们可以用20至25分钟来讲述故事，剩下的时间就交给孩子写和绘。

为什么叫读写绘？老师讲述的，就是“读”。余下的就是读后的“绘”。倘若孩子还想要在画上配以文字来表达自己的感受，那就是“写”。不会写怎么办？可以用拼音替代，也可让父母帮忙。所以，读写绘作品，有时候就是老师、家长、孩子一起完成的。这里重申一遍：不要担心孩子不会画或画不像，要充分相信他们的创造力与想象力，尽可能地表扬肯定。

以上就是新教育的儿童课程：晨诵、午读与暮省。这就是理想中儿童每一天的生活方式。

现在，你大概已经体会到了，它其实呈现的是儿童精神生活的完整闭环：始于明亮的开启，经由丰富的拓展，终于深度的反思，如此循环往复，完成儿童的精神建构。

所以，新教育儿童课程不属于知识课程，而属于生命课程。

接下来，请看一个发生在教室里的阅读故事。

唐莹老师：向阳花苑的故事

在我们班，每个早上都是这样度过的：孩子们来到教室后不交作业，不喧哗，而是静静地打开一本书，享受静谧的晨读时光。

我们都知道，什么年龄的孩子看什么书，这是儿童阅读的一条黄金定律。因此，努力打造一个与孩子年龄高度契合的品质书柜，在我看来是非常重要的一件事。

所以，每接一个班，我都会召集我们班的任课老师，大家坐下来，集思广益，用心研制书单。

有了书单，书从哪儿来呢？很简单：自主认购，班级众筹。我们班每个孩子、每个家庭，都会积极参与到这件班级大事中来。在家委会的组织下，爸爸妈妈们都会积极购买自己认领的书。买来之后，他们还会给新书包上书皮。有了保护，书就不容易破损了。就这样，众人拾柴火焰高，没多久，我们的书柜就满满当当的了。为了便于选择，还会分门别类，有序摆放。从此，这里就成了小朋友最喜欢的角落，一有空就借书、看书，慢慢成了一种习惯。

林海音的《窃读记》里有这么一句话：我们是吃饭长大的，也是读书长大的。我想，每天的常态阅读，就像普普通通的一日三餐；而主题共读，大概就是用心烹制的大餐吧。二年级时，我们结合学校的食育课程，就进行过“有滋有味”的食育共读。

比如，我们读《我绝对绝对不吃番茄》和《汉堡男孩》，懂得了不挑食，不偏食；读《完美的客人》和《嘘！小声点儿！餐桌上的礼仪故事》，学会了如何摆放食物、使用刀叉。我们不但学习中餐的礼仪，还学习西餐的礼仪。

除了主题共读，我们还动手实践。读完《云朵面包》，孩子们就开始制作早餐。他们自己采购食材、制作美食，还分享制作过程与营养成分。有的用视频，有的用PPT，形式多样，每一个都很精彩。读了《田间的蔬菜》，我们还把蔬菜带进了课堂。以前只知道盘中餐，现在，终于分清了蒜头和洋葱、春笋与茭白。

一年的食育课程和一年的食育书籍共读，让我们受益匪浅。

我常常想，阅读，它到底能带给我们什么？

首先，我觉得阅读就像一剂中药，它不温不火，却慢慢调养着孩子们的身心。

有个虎头虎脑的男孩，刚来银河的时候，让每个老师都头疼不已，因为他一刻都停不下来。于是，我给他安排了一个爱阅读的同桌。慢慢地，慢慢地，他也开始接受课外书了。早上到校，他不再满教室乱跑，也能像大家一样拿出自己的课外书了。阅读，就这样让一个顽皮好动的孩子变得越来越安静，越来越专注。

说到阅读，我必须夸一夸我们的阅读班长。她一直承担着班级书柜的整理工作。她坚持每周读书十本以上，阅读量已达一千余册。她妈妈跟我说："我总想追着女儿的脚步去看书，但总也追不上她。"这个蕙质兰心的小姑娘，不但自己爱看书，还把自己的小妹妹也带进了书香世界。

我们班有一位妈妈，她受班级读写绘的启发，用画插画的方式，与她的孩子进行亲子沟通，真的是太好玩也太智慧了。上学期期末，这位妈妈告诉我，她已经收集整理了百余张这样的小画。我想，对孩子来说，这更是一份与众不同、充满爱意的礼物。

阅读的力量，远非如此。二年级时，我们在运动会上打了个翻身仗——从倒数第一跃居年级第二。面对金灿灿的奖杯，每一双眼睛都闪闪发光，每一双小手都想摸上一摸。是什么让我们有了惊人的进步？我想，这一定离不开我们平时的阅读。我们读过《胆小鬼威利》《勇气》《正义之士》，明白了团结的力量。所以，老师们，我觉得阅读真的能让我们班凝心聚力，变得越来越强大。

我还坚持每周给家长写信。我们会聊聊孩子们一周的表现，说说下周的目标，当然也会分享育儿故事，推荐家教类书籍。我发现，其实家长们特别渴望学习，渴望成为最好的父母。每次家长会，他们都很乐意走上讲台分享心得。

我曾看过易中天老师的一个访谈。一位观众问："请问，怎样才能让我的孩子爱上阅读?"易老师的回答特别有意思，他说："如果你自己像我一样爱读书，你的孩子一定也爱阅读。"我听后，真是醍醐灌顶。我想，作为孩子成长的引路人，无论是老师还是父母，都应从自身做起。

最后，我想用三个词总结：对口，就是把最合适的书送给孩子；合胃，就是以最好的课程滋养生命；养心，就是用最好的阅读光照童年。

亲爱的老师，让我们一起加油，让阅读成为一种习惯，让我们一生与书相伴。

对口、合胃、养心——唐老师总结的这三个词，正好呼应了我这两讲的重点：

首先，我们要把最合适的书送给孩子。这个合适指的就是适合这个孩子当下的年龄，以及生活经验。

其次，我们要有意识、有智慧地"串联"很多书，把它们做成一个个课程来滋养他们的生命。用最好的阅读照亮孩子们的童年，让他们的每一天因书香而容光焕发、充满力量。

朱永新老师特别强调"共读共写，共同生活"。

共读，就是老师和孩子一起读，孩子和父母一起读，老师和家长一起读。就在这"一起读"的过程中，我们找到了默契，找到了共同的语言密码。于是，我们变得心意相通。

共写，就是写作，包括我们刚才提到的读写绘，也包括刚才唐老师说的每周家信。

我们就在这读和写的过程中，彼此了解，彼此理解。只有这样，才能让我们真正相亲相爱，共同生活在一起。这样的生活久了，我们就有了共同的愿景、使命与价值观，一起朝向同一个目标前进。

最后，一起来读读这些与阅读有关的话语吧！

书，是甜的。

阅读，就是用另一双眼睛看世界。

阅读，为我们插上隐形的翅膀。

阅读，让我们的人生与众不同。

阅读，与世界上最美好的事物相遇相知。

第五讲

让每一间教室闪闪发光

前面，我们了解了“打造校园文化”与“营造书香校园”。这一讲，我们来聊聊“缔造完美教室”。

从某种角度说，“完美”是不存在的。这里的“缔造完美教室”，其实是努力朝向“完美”，抵达“完美”，是一种“虽不能至，心向往之”的状态。虽然我们身处的每一间教室，从物理概念上说，也就四五十平方米，但很多新教育学校的教室，因为老师和孩子们共读、共写、共同生活，所以，这间教室就会“长大”，而且越长越大，甚至，会创造奇迹。

佐藤学先生曾说：“教育的一切，最终是落在教室里的。”朱永新老师在《缔造完美教室》年度报告中更是强调了“教室”的重要意义，他说：“一所学校的品质，很大程度上是由一间间教室的品质决定的，新教育实验的最终成就与品质，也取决于每一间教室里的故事与成就。”他从缔造完美教室的意义、完美教室的文化构建、完美教室与道德图谱、完美教室的课程建设，以及完美教室的生命叙事这五个方面，详细介绍了如何缔造完美教室。新教育理事会理事长许新海博士领衔编写的《一间可以长大的教室》，精选了很多完美教室的典型案例，是一本非常实用的操作手册。

缔造完美教室，就是在新教育生命叙事和道德人格发展理论的指导下，利用新教育儿童课程的丰富营养，晨诵、午读、暮省，并以理想课堂的三重境界为所有学科的追求目标，师生共同书写一间教室的成长故事，形成有自己个性特质的教室文化。

缔造完美教室，就是让教室里的每一个孩子穿越课程与岁月，朝向有德性，有情感，有知识，有个性，能审美，在各方面训练有素又和谐发展的生命，而一天天地丰盈着，成长着。

那么，如何缔造完美教室呢？我们主要从以下三个方面展开：

首先是文化构建。一所学校要有文化，一间教室也要有文化。学校文化，就像一轮太阳，温暖、明亮，指引方向。如果说学校文化是告诉我们要培养什么样的人，那么教室文化，同样告诉我们想要培养什么样的学生。所以，文化是缔造完美教室的目标与愿景。

其次是课程研发。如何才能达成目标与愿景？显然，需要一些路径与策略。在落实国家基础课程的同时，我们尝试通过班本课程的研发来实现这一目标。

最后，是评价跟进。它相当于激励与保障。

打个不一定恰当的比方：一群孩子在跑道上奋力奔跑。那么，前方那个终点，就是“班级文化”；孩子们奋力奔跑的过程，就是“课程”；站在跑道边上为这些孩子加油鼓劲，就是一种激励，一种保障。

这，就是缔造完美教室的三个重要元素：目标、路径与保障。

下面，我们逐一展开，做个介绍。

文化构建

教室文化，就是一间教室的目标与愿景，是把班集体带往何方的自我定位。“文化，为学校立魂”，同理，“文化，为教室立魂”。

新学年开学，很多老师都会想着法子把自己的教室打扮得漂漂亮亮的，学校通常也会在9月份进行“班级文化建设”评比。不过，借助广告公司以及自己的剪剪贴贴，花上几天时间，把教室打扮漂亮了，这就是把“文化”建设好了吗?

可能，这只是“教室布置”，而非“文化建设”。

以一年为周期，我们缔造完美教室有如下时间节点：第一学期重点做文化构建，第二学期是课程研发。我们用9月到11月三个月时间来进行文化构建，同时构思课程方案。第二年的2月到5月进行课程的研发与实践。6月，举行生命叙事与班级庆典，进行学年总结。

班级文化，是一间教室呈现出来的那些元素，比如班名、班训、班歌、班徽、班规、班币、班诗、班旗……

班名　很多班级是以数字命名的。比方说103班、502班，随着年级升高，名称就会相应变化。但在很多新教育学校，教室是有名字的，而且一旦命名，甚至会保持六年。比方说，有个班叫爬山虎中队。为什么起这个名字?爬山虎能带给人“团结一心、积极向上”的精神启示。以此命名，就是希望孩子们能像爬山虎那样团结起来，奋力向上。像这样的教室有很多，它们会从某本书、某种事物中获得启示，进行命名。比如以《蓝色的海豚岛》起名的“海豚中队”，以君子兰为象征起名的“君子之家”等。

班训　班训，通常用简洁明了的语言，阐明班级的价值追求。比方说，尼莫中队（尼莫是电影《海底总动员》中一条小丑鱼的名字）的墙上写着“给孩子一颗勇敢的心”。你觉得这句话作为班训合不合适？其实，判断是否合适，很简单，那就是我们要思考这些话是说给谁听的？新教育倡导的“共读共写，共同生活”，意味着教室里的文化，针对教室里所有的对象。显然，这句话似乎只是对孩子说的。如果改为“让我们拥有一颗勇敢的心”，就是跟老师、跟孩子，甚至跟走进这个教室的家长说了。所以，我们要以这样的标准来判断班训是否合适。

班歌 每个班级通常都有属于自己的班歌。因为音乐总能鼓舞人心，催人向上。班歌从哪里来？最便捷的就是拿来主义。觉得有些歌既好听又励志，就直接拿来做班歌，比如《隐形的翅膀》《左手与右手》等；第二种，就是借用旋律，自己填词；第三种，就是完全原创，自己作词作曲。我们学校"小芽儿"班的班歌《小小芽儿娃》是这么唱的："小芽儿，小芽儿，一株苗儿一个娃……"属于哪一种？对啦，就是第二种——借用动画片《葫芦娃》的旋律，填上了自己的歌词。

班徽与班旗 一所学校一般都有校徽，一个班级也可以有班徽。有一个班的班徽的中间有一条可爱的毛毛虫，它就是"毛虫部落"的班徽。他们还有自己的班旗：左上角，是毛毛虫造型；右上角，则是破茧而出、翩翩起舞的蝴蝶。这样的班旗不正体现着期待每一个孩子都能破茧成蝶的美好愿景吗？

班币 班币是什么？就是在班级里流通的货币。你有没有听说过雷夫·艾斯奎斯？他是全美最佳教师，曾写过《第56号教室的奇迹》一书。十多年前，我们第一次了解到雷夫的班币管理，觉得蛮有意思，于是开始尝试，效果很棒。现在，几乎每个班都有自己特制的班币（我们学校还设有"校园机会榜"。为了鼓励孩子们积极参与各种岗位体验，学校还推行银河校币，上面印有学校标识及吉祥物）。

班诺 班诺，就是班级当中的承诺。首届"全人教育奖"获得者马玲老师就写过这样的班级承诺：

> 我是老师，我承诺，让每一个与我相遇的孩子，因我而优秀。
>
> 我是学生，我相信，我将在这里，品尝知识的快乐，享受生命的尊严。

我们是不是可以这么理解：一个孩子来到学校，来到我们的教室，只有两个要求：一是“品尝知识的快乐”，另一个是“享受生命的尊严”。而很多时候，“生命的尊严”是放在第一位的。所以，亲爱的老师，当我们庄重地面向自己的学生做出承诺的时候，我相信，每一天，你走进教室的感觉，都会跟以前大不相同。

班规　没有规矩，不成方圆。一个班级，当然要有共同遵守的规则。说到规则，大家可能马上会想到教育部2015年印发的《中小学生守则》：

1. 爱党爱国爱人民。了解党史国情，珍视国家荣誉，热爱祖国，热爱人民，热爱中国共产党。

2. 好学多问肯钻研。上课专心听讲，积极发表见解，乐于科学探索，养成阅读习惯。

3. 勤劳笃行乐奉献。自己事自己做，主动分担家务，参与劳动实践，热心志愿服务。

4. 明礼守法讲美德。遵守国法校纪，自觉礼让排队，保持公共卫生，爱护公共财物。

5. 孝亲尊师善待人。孝父母敬师长，爱集体助同学，虚心接受批评，学会合作共处。

6. 诚实守信有担当。保持言行一致，不说谎不作弊，借东西及时还，做到知错就改。

7. 自强自律健身心。坚持锻炼身体，乐观开朗向上，不吸烟不喝酒，文明绿色上网。

8. 珍爱生命保安全。红灯停绿灯行，防溺水不玩火，会自护懂求救，坚决远离毒品。

9. 勤俭节约护家园。不比吃喝穿戴，爱惜花草树木，节粮节水节电，低碳环保生活。

那是不是把《中小学生守则》拿到教室墙上一贴，就变成自己班的班规了呢？不着急回答，我们来看看别的国家是怎么制定规则的吧——

1. 总是称呼老师职位或尊姓。

2. 按时或稍提前到课堂。

3. 提问时举手。

4. 可以在你的座位上与老师讲话。

5. 缺席时必须补上所缺的课业。向老师或同学请教。

6. 如果因紧急事情离开学校，事先告诉你的老师并索取耽误的功课。

7. 所有作业必须是你自己完成的。

8. 考试不许作弊。

9. 如果你听课有困难，可以约见老师寻求帮助，老师会高兴地帮你。

10. 任何缺勤或迟到，需要出示家长的请假条。

11. 唯一可以允许的缺勤理由是个人生病、家人亡故或宗教节日。其他原因待在家里不上课都是违规。

12. 当老师提问且没有指定某一学生回答时，知道答案的都应该举手。

你猜，这可能是哪个国家的？这是美国的《小学生守则》。我们再来看一个：

1. 不迟到，进校后不随便外出。

2. 听到集合信号时，迅速在指定场所列队；进教室开门窗要轻；在走廊和楼梯上保持安静，靠右行。

3. 上课铃一响即坐好，静等教师来；听课时姿势端正，不讲闲话，勤奋学习。

4. 遇迟到、早退、因故未到等情况，必须向老师申明理由，有事事先请假。

5. 严格遵守规定的放学时间，延长留校时间要经老师许可。

6. 上学放学时走规定的路线，靠右行，不要绕道和买零食。

7. 遇地震、火灾等紧急情况时不惊慌，按老师指示迅速行动。

这是哪个国家的？是日本。虽然只制定了七条守则，但这七条守则集中指向“一切行动听指挥”。日本是一个地震频发的国家。但正是因为每个孩子都牢牢记住了这些规则，所以当地震来临时，日本孩子的伤亡率是极小的。

再来猜一个国家，它的规则也很有意思：

1. 平安成长比成功更重要。

2. 背心、裤衩覆盖的地方不许别人摸。

3. 生命第一，财产第二。

4. 小秘密要告诉妈妈。

5. 不喝陌生人的饮料，不吃陌生人的糖果。

6. 不与陌生人说话不算失礼。

7. 遇到危险可以打破玻璃、破坏家具。

8. 遇到危险可以自己先跑。

9. 不保守坏人的秘密。

10. 坏人可以骗。

哪个国家？英国。这是英国《儿童十大宣言》。核心内容是什么？是的，每一条都在强调“安全第一，生命第一”，没有比这更重要的了。而且，还教给孩子保护自己、躲避危险的办法：“背心、裤衩覆盖的地方不许别人摸”“遇到危险可以打破玻璃、破坏家具”“不喝陌生人的饮料”“坏人可以骗”

“遇到危险可以自己先跑”，等等。

所以，我们要思考一个深刻的命题：作为教育者，究竟该传递给孩子什么？

刚才，我列举了一些国家制定的规则。这些规则有什么特点？没错，这些规则，每一条都十分具体，又容易操作，既适合国情，又符合孩子的年龄特点。

我们当然要引导孩子遵守《中小学生守则》，但自己班的班规如何制定，一定要注意：契合孩子身心发展特点，越细越好，越容易操作越好。

再举几个例子吧。

有一天，我走进一个一年级的教室，发现这个班的班规只有两条：

1. 每天为身边的人做一件小事。
2. 每天说一句赞赏别人的话。

你觉得这两条班规怎么样？“每天为身边的人做一件小事。”“每天说一句赞赏别人的话。”这就是一个一年级的孩子能懂，也能做到的。如果一个孩子能够天天这样做，做上一个月两个月会怎样，做上一年两年又会怎样？

以前带三年级的时候，我制定了一些符合这个年龄的班规，比方说：

有人对你说话时，眼睛要注视着他，身体要对着他。

因为我发现很多孩子在跟人交往的时候，不知该怎么做。所以我就教孩子们怎么用眼神与身体同步的方式，表达对他人的尊重。

打喷嚏或咳嗽时，要用手捂住嘴巴，然后说声对不起。

这一条是不是很实在？

鼓掌，要保持3秒钟。

我曾研究过体态语言，其中“鼓掌”就有多重功能。当你向别人表示祝贺、表达敬意的时候，不能拍两下就完了，最好保持3秒。

慢慢地，我们把这些细节整理成了《银河学子N大细节习惯》。有一次，我做国旗下讲话。讲完，致谢。所有孩子开始鼓掌。然后，我看到了很有意思的一幕：一些低年级的孩子一边鼓掌，一边数“1——2——3——”，数到3，才停下来。瞧，孩子们就这样，把细节习惯记住了。

当然，随着年级升高，班规也应有变化。比方说，这是适合五六年级的一条班规：

用不侵犯他人权利的正当方法达到个人和集体的目的。

小学高年级学生通常会担任红领巾监督岗，去检查督促别人。举个例子，601班在检查602班的时候，扣了602班的分。602班也许就有孩子想：“这礼拜你们扣我们分，下礼拜轮到我们检查了，我们要把这个分给扣回来！”但是，如果这个班中有这么一条班规，“用不侵犯他人权利的正当方法达到个人和集体的目的”，那么，他们应该不会这么做了。

求胜的愿望很重要，但赢得胜利并不是最重要的。

学校经常会举行拔河比赛，结果肯定有胜负输赢。有些孩子输不起，会哭，会埋怨他人。如果知道“求胜的愿望很重要，但赢得胜利并不是最重要的”，那他们就不会埋怨，而是反思哪里做得还不够，甚至含着眼泪一起唱班歌，勉励自己下次加油。

所以，班规，虽然只是简简单单几句话，但是，要制定得恰切合理，是不容易的。

以上只是简单举了几个例子。这些规则，有一些出自罗恩·克拉克的《优秀是教出来的——创造教育奇迹的55个细节》。克拉克也是全美最佳教师。他曾经走遍美国28个州，用55条班规治理了很多很乱的班级，还建立了自己的学校。《热血教师》这部电影讲的就是克拉克用班规治理班级的故事。

最后，再举一个例子。韩一娣老师所在班有这么一条班规：

第5条：请整理好自己的桌椅、抽屉、整理箱和地面，这体现你是个有条理的孩子。

这条班规有什么不一样？

仔细回想一下，我们定的那些规则是不是经常出现“不”字——“不要”“不能”“不许”“不准”……这样的班规，一看就是老师定给学生的，是命令，是控制，是外部施加，仿佛在说“我是老师，你们都得听我的”。韩老师的班规，没有“不”字。

请再仔细看看这一条，可能很多老师也会这么定：请整理好自己的桌椅、抽屉、整理箱和地面。但韩老师加了一个尾巴——“这体现你是个有条理的孩子”。

这么一加有什么不同？刚才提到的带有“不”的班规，对孩子而言意味着“你要我做”，是一种“他律”。但是，看到这句话他可能会想：嗯，我要做一个有条理的孩子，我想让老师、同学认为我是一个有条理的孩子。我怎么才能够做到有条理呢？我要把自己的桌椅、抽屉、整理箱和地面都整理好。

这么一来，就由“你要我做”，变成了“我自己要做”，也就是从“他律”变成了“自律”。我们都知道，最好的教育，就是自律，就是“不用别人管，我自己就能去做好”。

韩老师班班规的奥秘就在这里。我们再看几条：

第18条：老师有错，请你有礼貌地提出。

这条班规包含着什么样的信息？首先，老师不是圣人，老师也会出错。其次，当你发现老师有错的时候，欢迎有礼貌地提出。我想，这就是师生平等、教学相长的一种姿态。

第20条：在学校遇到任何困难和委屈，请向老师求助，欢迎你和老师谈心。

当今社会，不少孩子是有心理问题的。他们遇到挫折，感到委屈，常常无处倾诉，或者害怕倾诉。如果有这样一条班规，那他们是不是可以在最需要的时候去寻求帮助？

所以，聊这些班规，是想提醒你：

第一，班规一定要具体，可操作，要符合孩子的年龄特点。

第二，要站在孩子的角度来定班规，不能居高临下指令式的，而要带有温度，富有人情味。

什么叫班规？班规，不是我来制定，你来遵守。班规，是师生共同朝向道德人格发展而制定的约定。也就是说，老师和孩子们一起商量：我们需要制定哪些规则来确保我们共同生活的教室井然有序？确定规则后，谁来遵守？老师和孩子一起来遵守。简言之，如果班规规定“不能迟到”，那么，老师自己首先要做到。

亲爱的老师，如果每一间教室都有这样一些师生共同制定、共同遵守的规则，那么我们的教室就会变得井然有序，我们的孩子就会变得训练有素。

以上，我们聊了班级文化。在文化构建过程中，还要注意几个细节。

首先，要注意绿色环保。

如果你是班主任，接手一个新班级，走进一间陌生的教室，你会看到什么？很可能门上、墙上、天花板上，到处贴满了东西。你想要布置教室，不得不先把这些东西去掉，花费很多功夫，甚至需要借助专业人员。

所以，我们在布置教室的时候，尽量不要粘、贴。你可以在教室里挂一个绳网，只需几枚不起眼的小钉子，便可以挂上孩子们的各种作品，替换、更新都十分便捷；还可以用一些毛毡，用工字钉钉上去；或者用一些透明的挂袋，把孩子的读写绘等作品装在里面，很醒目，还能起到保护作用。

其次，要给予学生更多的空间。

我们学校曾经有很多年不设讲台。我们不妨想一想：讲台究竟有何用？放书啊、粉笔啊这些物品，对吧？还有的老师喜欢站在讲台前，双手撑扶，一站就是几十年。那没有讲台会怎样？其实，没了讲台，教室的空间就变大了。这变大的空间，可以给孩子更多展示的机会。没了讲台，老师跟孩子反而更亲近了。要知道，在与孩子的交流中，比起有声语言，体态语言更为重要。所以，教室布置是一门艺术，一门关于空间语言的艺术。我们不妨多去琢磨琢磨，讲台、课桌椅，怎么排布更合理。

班级文化，是完美教室的灵魂，是一个班级的使命、愿景、价值观的集中体现。我们的教室布置，应该把教室墙面当成我们自己的杂志社、电视台、档案馆、园艺房和展示厅。

班级文化需要沉淀。如果我们走进一间一年级的教室，看到墙上既有孩子学期初歪歪扭扭的拼音，又有逐渐工整漂亮的汉字——虽然有些作品已经泛黄，有些边角已经翻卷，但是老师们，这，才是真正的文化。

教室文化，是师生生命相互编织、生成、沉淀的过程。所以，教室文化一定不是“贴”出来的，而是老师和孩子们一起“活”出来的。从这个角度说，作为学校，如果要进行班级文化评比，可能最合适的时间，应该是第二年的6月，也就是一个学年即将结束的时候——而且衡量的标准不是这间教室漂不漂亮，而是这间教室是否看得到每一个孩子的成长轨迹。

课程研发

班级文化很重要，因为它是一间教室的愿景与目标。课程研发也很重要，因为它是抵达愿景与目标的路径。

什么是课程？朱永新老师给了一个生动直观的定义：

> 一个有创造性的好老师，能用一根神奇的线，把生活中的一切华丽碎片编织成更有教育效益的整体。

打个比方：地上有很多很多的珍珠，如果你有心的话，就能把这些珍珠一颗一颗捡起来，串成项链。这条项链，就是课程。

什么叫教室里的课程呢？

> 就是以课程标准为底线尺度，以卓越标准为上限尺度，综合利用所有可以用的教材并将之做一定的有机整合，开发出尽可能卓越的课程，来实现教室的完美，促进教室里师生生命的自由舒展与成长。

什么叫“底线尺度”？比方说《义务教育语文课程标准》规定，小学六年课外阅读总量大概是145万字。145万是什么概念？如果一本书10万字，那也就是说，一个孩子在小学六年当中，课外阅读总量大概是15本书。

小学六年只要看15本课外书？事实上，很多高年级孩子的年阅读量达到了上千万字。那为什么课程标准会这么定？要知道，还有些地方，孩子们一本课外书都没见过。所以，这个标准很大可能是为这些地方的孩子制定的，也就是“底线尺度”。但对于经济发达地区的孩子来说，显然是不够的。我们就要定一个“上限尺度”。这个“上限尺度”是多大，要根据学校实际。这个标准定得越高，就越接近卓越。

所以，我们要为孩子创造卓越的课程。谁来创造？毫无疑问，由老师自己来创造。也许有人会说，我们教室里本来活动就很多呀。老师们，活动不等于课程。真正能够作用在孩子身上，让生命发生质的变化的，是课程，卓越的课程。

课程，是有计划、有目的、有课时保障、有评价跟进的一系列活动的总和。朱永新老师曾说：“课程的丰富性决定生命的丰富性，课程的卓越性决定生命的卓越性。”

如何研发课程？

最简单的办法就是“拿来主义”，就是根据已有的成熟课程，依样画葫芦。

2015年，我们成为浙江省首批亚洲青少年经济公民课程的试点学校。经济公民课程，通俗说，就是财商课程，教孩子们怎么理财。我们四年级全体老师参与了课程培训，然后，用了几个月的时间，在自己的教室里实施，收到了非常好的效果。课程结束后，我们学校的徐老师决定把这个课程继续做下去。于是她结合班级实际情况，重新进行了课程设置。这个课程就成了她的班本课程。她带着孩子们共读经济学启蒙书籍，制作思维导图，教孩子学会记账、学会理财。一年下来，他们班的孩子真的变得与众不同。徐老师深有感触，她说：“原来，研究钱的事情并不羞耻，反而可以高大上。关于经济公民课程，我觉得还有很多的事情值得我去做。”就这么依样画葫芦，使得自称“菜鸟”的她，慢慢摸着了做课程的门道。徐老师的这个课程，获评2016

年萧山区“十佳卓越课程”，她自己还被评为萧山区优秀中队辅导员。

当然，更多的是根据需要研创课程。

我们学校有个特别优秀的老师，叫邵燕飞。她带的班叫小蚂蚁部落。班级愿景是：读万卷书，行万里路。怎么实现“行万里路”？组织亲子游啊。那么，能不能把普普通通的亲子游开发成为课程呢？于是，她以三年为时间轴，列出了一张非常详尽的课程实施表，有目标，有课时，有评价，有保障。小蚂蚁部落的“旅行课程”，就这样诞生了。

正因为这个课程卓有成效，邵老师所带的班级获评了新教育首届“十佳完美教室”。2015年，她在全国“千课万人”活动中做了“旅行课程”的分享；2017年，又在海峡两岸高峰论坛上做了分享。就这样，一个大家熟知的常规活动，被有心的邵老师做成了一个精致的好课程。

如果说邵老师是一个课程做了三年，那刚才提到的韩一娣老师，则是三年做了三个课程。她针对一到三年级孩子的不同特点，围绕“顽、玩、完”三个字，开发了三个课程：

一年级孩子天性顽皮，那就要建立秩序。于是，她重点做好了入学课程。

二年级，韩老师做的是动物课程。因为二年级的孩子特别爱玩，韩老师的理念便是让孩子们“在玩中学”。

到三年级，孩子渐渐懂事了。这个时候，他们最渴望的是友谊，是别人的认可，所以，课程目标就是缔造“完美的人格”。韩老师采用整本书共读，做了一个关于友谊与生命的“夏洛课程”。

入学课程，让孩子们实现了规则之上的自由之美；动物课程，让孩子们实现了意义之上的学习之美；而这个“夏洛课程”，则让孩子们在体验之中实现了人格之美。

2016年，韩老师的教室被评为了新教育“十佳完美教室”。

在银河，我们倡导每一间教室都这么去做课程。当我们真正用心去做的时候，会欣喜地发现，孩子们正朝着那个方向，沿着那个跑道，奋力奔跑。

评价跟进

评价跟进，就是在完美教室构建的过程中，采取各种激励与保障措施。

比方说，要与家长建立同盟关系。所以，我们每周都会给家长写信，让家校之间无缝对接。

比方说，我们会对一些偏离常态的学生，做持续的个案教育诊疗。

比方说，我们坚持写全科评语，做全员家访，还把孩子一年的成长制作成电子成长档案，这也是银河特有的生命叙事。

以上我们聊了如何缔造完美教室：

> 文化构建，让每一个孩子都知道方向。
>
> 课程研发，让每一个日子都真切生长。
>
> 评价跟进，让每一个生命都被温柔以待。

我想，只有这样，我们才可能带着一间教室，带着一群孩子，慢慢走向“完美”。

在《缔造完美教室》年度报告的最后，朱永新老师说：“教室，是我们的愿景，是我们想要到达的地方，是决定每一个生命故事是平庸还是精彩的舞台，是我们共同穿越的所有课程的总和，它包含了我们论及教育时所能想到的一切。”

这些话值得好好咀嚼，好好品味。因为，这就是缔造完美教室的终极目标。

缔造完美教室，就是要——

一边关上教室的门，将这个世界的冷漠与暴力拒之门外。

一边打开教室的窗，让风带着整个宇宙的信息进来。

缔造完美教室，就是要——

关注教室里的每一个孩子，

关注教室里的每一个角落，

让每个孩子都成为教室的主人，

让每个孩子的潜能都得到最大的发展。

缔造完美教室，就是要——

守住每一个孩子，擦亮每一个日子。

的确，唯有如此，我们的每一间教室，才可能成为“奇迹诞生之处，生命闪亮之地”。

第六讲

课程，让教师站起来

上一讲，我们从文化构建、课程研发、评价跟进三方面，聊了如何缔造完美教室。“文化构建”讲得比较具体、细致，因为很多老师常常会忽视文化之于教室的重要性。“课程研发”与“评价跟进”讲得比较简单，这两块内容在后面章节都会有具体的阐述。

教室，包含了教育可能发生的一切。

教室，是我们的愿景，是我们想要到达的地方，是决定每一个生命故事是平庸还是精彩的舞台，是我们共同穿越的所有课程的总和，它包含了我们论及教育时所能想到的一切。

教室，是我们再熟悉不过的地方。但是新教育，它让我们重新去掂量这个词语的分量，重新去思考这小小的四十平方米空间之于一个个生命的意义。

缔造完美教室，就是守住每一个孩子，擦亮每一个日子。我始终认为，一所学校当中，最伟大的人，就是蹲守在一间间教室里的那些人。

接下来，请把目光投向两间普普通通的教室，看看里面发生的故事。

陈霞老师：牵着蜗牛去散步

我带的班叫“蜗牛飞吧”。

这个班，我从一年级带到三年级。我们的班徽是一只蜗牛驮着钟表的蜗牛壳，它表示争分夺秒，每天进步一点点。我们的班训是“不怕慢，只怕站”。我们的班歌是《蜗牛与黄鹂鸟》。我们班还有10条班规。

这一系列的班级文化都是由我们班的家长和孩子一起创建的。一年级刚开学，我就下发了《班级文化建设征集表》，让每位家长和孩子一起商讨、填写，最后，通过票选，确定我们的班级文化主题。

确定主题后，便开始设计、布置我们的教室。教室里有主题墙，还有班级书柜、公告栏、光荣榜、中队角、绘画长廊等。窗台边是我们的家长送来的爱心伞、为孩子们购置的羽毛球拍。窗台上是孩子们亲手养护的绿植与盆花。

教室里所有的设计与布置都是在家长的帮助下完成的。开学初，他们重新粉刷了教室，添置了整理箱。几位爸爸爬上人字梯，把每一盏日光灯、小洞灯都擦得干干净净。有个外婆发现教室后面的柜子不够用，就从网上买了同款，还拿着工具自己组装好了。

一间教室能给孩子带来什么，取决于教室桌椅之外的空白处流动着什么。

一间完美的教室，不仅需要适宜的环境润物无声，更需要丰富的课程，拓宽生命的长宽高。

三年来，我们开设了丰富的班级课程——

一年级生日课程 我清楚地记得，9月3日那天，我把第一个绘本故事送给了班里的一个孩子。祝贺她生日快乐时，小寿星吃惊地瞪大了眼睛：老师怎么会知道我的生日？然后她在万众瞩目中，受宠若惊地双手接过我送的绘本。她回家后告诉了爸爸妈妈，爸爸妈妈也是又惊又喜。一年级，两个学期，每个孩子生日我都讲一个绘本，并送出这本书。当然，这些绘本都是我自己掏钱买的。就这样，一本薄薄的书，就把家长与孩子都给“贿赂”了。

二年级诵读课程 每周五最后一节课，单周读《论语》，双周读古诗，每周一篇。我会带着孩子们读一读，讲解一下意思，还让孩子根据自己的理解画一画，背一背。

三年级小先生课程 每周一早自习，我会根据学号顺序，轮流安排孩子们进行新闻播报与成语故事讲述——一人进行新闻播报：在家长的帮助下，孩子会准备好PPT与讲稿，上台进行上周的新闻回顾；一人讲成语故事：我每天让孩子看一个成语故事，大致复述内容，了解意思，把成语记录在作业登记本中，然后每周一请一个孩子上台脱稿讲述，也要求做好PPT。

三年级家校合作课程 家长是珍贵的教育资源。很多家长在各自的领域都是能人异士。所以，我就把他们请进课堂，让他们给孩子们上课，慢慢就形成了家校合作课程。通常，我会在学期初让家长自愿报名，然后排定轮流表。以下就是三年级家长进课堂的情况——

第一位是俞爸爸，他上课的内容是“家庭花草的养护”。他很喜欢花花草草，把自家庭院布置得像个花园。他把这些美丽的盆景拍下来，放给孩子们看，并介绍常见花草的养护知识。最后，还送给每人一盆多肉，让孩子们亲手养护。

第二位是淘宝上卖伞的郑妈妈。她展示了一把伞的制作工序，还告诉孩子们，可以把上班族张小盒的形象搬到伞上，可以把梵高画的向日葵、鸢尾花等搬到伞上。一句话，只要你想得到，他们就做得到。最后，她送给每个同学一把定制的伞：每把伞上都印着班级的LOGO，以及每个孩子的名字。

第三位是开元集团的一位中层员工，她上课的内容是“礼行天下”。她特意请了一个女同学和她儿子做模特，示范各种礼仪规范，比如坐姿、站姿、蹲姿，以及走路姿态，直观而形象。

第四位是一位生下二宝不久的妈妈，她教孩子们做相框。做相框的原材料不是买的，而是带二宝的间隙，她一包一包亲手做的。每个孩子两包，每包12个小材料。39个孩子，就是近千个小材料。就这样，从开学初到5月底，足足准备了3个月。所以，我常常被这样的家长折服。为了孩子，他们做什么都愿意。

第五位是葛妈妈，浙大高才生，她的主题是“与时间交朋友”。一年级时，她儿子是左撇子，画画、写字、吃饭，都是左手。我提议，写字是不是用右手？因为书写笔顺还是挺重要的。但她很有主见，说没关系，我们要让孩子左右开弓，这是别的孩子没有的一项技能。我一时语塞，不知该怎么说了。但是三年相处下来，她完全认同了老师的教育理念，还走进课堂，给孩子们上了课。

以上就是家长进课堂的一些小故事。三年级一学年，共有16位家长给我们班孩子上过课。

我始终认为，家长的力量是无穷的。一个班主任，面对琐碎的班级工作，再能干，力量也是有限的。但如果把站在39个孩子身后的爸爸妈妈充分调动起来，发挥他们的作用，那班级管理就会轻松很多。

三年级快结束时，我们举行了规模盛大的“十岁集体生日”庆典，地点在某酒店。活动分为下午场与晚上场，所有孩子及父母全都参加，还邀请了相关的任课老师。

要搞这样一个活动，非常不易，需要总导演、总策划，还要大量工作人员。我和家委一起，从三月初一直到5月底，开会讨论，细化方案。起初我还参与，后来完全放手了。78位家长，成立了十多个工作组：道具、财务、礼品、文案、化妆、排练……所有任务与细节，都是家长们在工作之余逐项落实的。

不光如此，他们还把各项费用尽可能降到了最低。比方说朗诵需要台阶，宾馆里没有，怎么办？就借用了学校音乐教室的30多张小凳子。开超市、开甜品店的家长，把自己店里的零食带到了现场。有的家长直接捐钱，最多的一位捐了1万。有的家长捐庆典要用的奖品，比方说特等奖奖品——两辆超级炫酷的自行车。

正是所有家长的齐心协力，让我们的“十岁集体生日”变得朴素而隆重。“T台走秀”是下午场的压轴，孩子们穿上最帅、最酷的衣服，登台走秀，星光闪耀；“银河小学广播体操”是晚上场的大戏，家长们联手，从墨镜出场，到四小天鹅舞曲，到千手观音，到最后“公鸡中的战斗机”，精彩的演出让所有人捧腹大笑。

这场活动，全班39个孩子，25位参与了个人节目表演，10位担任了主持人。三个集体节目，所有孩子都上台表演。可以说，每个孩子都得到了很好的锻炼。

为什么要如此用心地策划这场庆典？后来我才知道原因。原来，家长们希望以这样的方式打动我，挽留我，继续把这个班带下去。虽然因为学校的统一安排，我最终没有继续带班，但家长们的这份诚意让我感动万分。

这三年，在“蜗牛飞吧”这间教室里，老师、孩子、家长，彼此交融，丰盈充实。台湾诗人张文亮在《牵一只蜗牛去散步》中写道：

> 让蜗牛往前爬，我在后面生闷气。
> 咦？我闻到花香，原来这边还有个花园，
> 我感到微风，原来夜里的微风这么温柔。
> 慢着！我听到鸟叫，我听到虫鸣。
> 我看到满天的星斗多亮丽！

原来，牵着一只蜗牛去散步，就是陪着孩子体味一路走过的美好。

祝愿我的小蜗牛们，飞吧！

“陈老师究竟有什么魔力？”有人说，那是因为经济条件好，家长水平

高，所以家长都听老师的，家校之间配合默契。真的是这样吗？

来来来，我们来捋一捋，陈老师是怎么带班的——

你看，她的班级刚刚建立，就下发了《班级文化建设征集表》。于是，每个家长都参与进来了，每个家长都感受到自己被尊重，被认可了，是不是？

你再看，陈老师做生日课程，自己掏钱，给每个孩子送出了别具一格的礼物。当家长看到老师给自己的孩子过生日，怎么想？呀，这是对我家孩子多大的重视和关心啊！

再看第三件事，陈老师做家校联盟课程，她把一位又一位家长请进教室，给孩子们上课。家长会怎么想？原来，我也能为班级出一份力呀。

最后就是，一个小小的班级庆典，居然要花3个月准备，值得吗？到最后谜底才被揭晓：家长们全力以赴这么做，只是为了想用他们的诚意去感动、去挽留陈老师，希望陈老师继续做他们孩子的班主任。

所以，这么梳理下来，你有没有找到陈老师的管理秘诀？有人说，这是“以心换心”“以爱换爱”。

在我看来，陈老师所做的一切，让家长感受到了“孩子，是我们的”。既然老师这么用心，既然为的都是孩子，那还有什么事不愿做呢？

所以，家长们心甘情愿围着陈老师转的背后，就是文化，是课程，是老师与孩子、家长的共读共写、共同生活。当所有人心往一处想，劲往一处使，那么，这一间教室就会变得与众不同，变得充满温度。你们说是不是呢？

周彩萍老师：面向岁月，重新绽放

2006年秋，为了方便女儿上学，我从城郊接合部调到了银河。在我眼里，这是一所闪闪发光的学校。这里名师林立，让而立之年的我倍感惶恐。

以前，我脾气很急，孩子犯了错，我就把他们带到门外厉声批评。现在，我感觉自己完完全全变了。孩子们特别愿意亲近我，叫我“校园妈妈”“故事老师”，甚至亲昵地叫我“周周”。

这一切都是因为我遇到了新教育。

课程穿越，灵动了师生生命

2007年春，朱雪晴老师随新教育研究中心赴贵州支教。我跟随她博客中的支教日记，慢慢认识了“新教育”。一个月后，朱老师带回了大量的童诗与绘本，我便在自己的教室懵懵懂懂地摸索起儿童课程来。

2008年3月，新教育研究中心以我校为基地，面向萧山实验区进行为期一周的通识培训。就在这次培训中，我执教谢武彰的《春天》，首次在新教育萧山实验区的舞台上亮相。从此，开启了我与新教育相知、相守的旅途——

清晨，充满童趣的诗歌、童谣带着我和孩子们迎来新的一天；

午间，共读绘本成了我们每天的奖赏；

傍晚，孩子们用稚嫩的写绘在画纸上留下最美的“语言”，回顾美好的一天。

依托儿童课程，我开始拓展更多的班级课程——

2009年，我和孩子们一起走进“四季晨诵课程”。根据四季更替，安排晨诵内容。10月的一个清晨，我们晨诵金子美铃的《桂花》（桂花香/满庭院/大门外/风吹来/进来还是不进来/风儿小声商量着呢），认识了不同品种的桂花。刚好，食堂开阳楼前桂花开得正旺。午餐时间路过桂花时，孩子们有的努力凑近闻着桂花香，有的仔细研究，辨认品种，可爱极了。

2010年，我尝试“谢尔晨诵课程”，和三年级的孩子一起，沉浸在谢尔大叔天马行空的想象世界。这些诗幽默诙谐，孩子们常常读着读着就笑了。

2012年，我新接了一年级。朱老师领衔研发了入学课程，我们年级组开始首轮实践。开学第一周，我们把精选的童诗、童谣、绘本、电影，作为礼物送给孩子们，帮助他们消除恐惧，建立秩序，孩子们很快就喜欢上了学校。

2014年，我又一次回到一年级，入学课程已经进入3.0版本。这一轮，我们真正实现了绘本教学与规则教育的无缝对接。我在原有基础上增加了安全教育，借助绘本《大卫，不可以》，考察校园环境，针对安全隐患，编写了课程内容。其他老师也在就餐规则、课堂手语、七卡奖励等方面，完善了入学课程。就这样，我们在班级中创造了规则之上的自由之美，构建了生命成长的教育之场。

2013年1月，我推出了“假日诵‘年’课程”。我搜集了过年的童谣、诗歌、绘本，还有我们萧山本地风俗的资料，从腊月廿三开始，每天通过班级博客和QQ群，发送给家长和孩子。孩子们诵读浏览后，再创作新年绘本，有的做成灯笼状，有的剪成一朵花，真是精彩纷呈。

2014年，四年级正在践行“农历课程”，我就在我的班做了农历课程启蒙：春分到，玩竖蛋、吃春饼；端午节，包粽子、佩香囊；冬至日，绘制“九九消寒图”……这一年，我们在有趣好玩的“农历课程”中，感受着物候变化与四季轮回。12月2日，有个孩子跑来跟我说：“周周，我查过了，12月7日是大雪啦！”瞧，这么小就对节气敏感了。

2015年，新教育年会主题是“拓展生命的长宽高”。受此启发，我研发了“向阳花开”生命课程。除了继续做好“四季课程”“农历课程”，我们还开展校园四季游，感知花事；种植向日葵，写绘日记：下种、浇水、除虫、开花、收获……因为课程，孩子们愈发珍爱生命，敬畏生命。

2017年，我们又兴致勃勃地加入了朱老师研发的“食育课程”。我们认识食物种类，了解食物营养，关注稻米生长，研究就餐礼仪。我把水稻带到课堂上，让孩子们摸一摸，闻一闻，尝一尝，还把稻米的生长过程画下来。

我们种植土豆，培育豆芽，写绘果蔬成长。慢慢地，孩子们忙碌的身影出现在了厨房、餐厅，择菜、清洗、烹煮、收拾，有条不紊。每逢节假日，学生们时不时分享新技能，有的学会了用电饭煲煮饭，有的学会了做大红袍奶茶，还有个孩子承包了一家人的早餐：煎蛋、煮水饺、煮馄饨、下面条……

一路走来，是一个个课程带着我和孩子们一起成长。2010年起，我开始到萧山区内外兄弟学校分享晨诵和绘本课，也帮助其他老师做课程。课程唤醒了我，也唤醒了更多的人。

文化构建，厘清了教育方向

2008年9月，我迎来了第二届学生。从这一届开始，我正式把文化构建作为班级管理的第一步。因为，文化如同太阳，引领着教室的方向。

我们的文化是什么呢？是像毛毛虫那样蜕变成蝶，做最好的自己。

我是怎么做的呢？

入学第一天，我为孩子们讲述《肚子好饿的毛毛虫》。讲完故事，我把自己设计的书签送给孩子们。他们郑重地在书签上写下名字，要成为不断啃书的“毛毛虫”。

2010年，我和家长合作，设计了毛毛虫形象的班徽。2011年，设计了带有班级标识的专用写绘本。2014年，设计了印着毛毛虫的书写垫板。这一年，孩子们开始自己制作毛毛虫书签。他们把书签画好、剪好，我帮他们塑封、打孔，穿上穗子，真是漂亮极了。孩子们还在美术老师的指导下手绘毛毛虫花盆，然后种上绿植，装点教室。

就这样，在听故事、做书签、画花盆的过程中，孩子们慢慢意识到：我就是毛毛虫。这之后，越来越多的毛毛虫出现了：教室门上的班徽是毛毛虫；班牌上有毛毛虫；收纳箱、班旗、班币、班帽、图书标签、班级奖状、奖励贴纸、失物招领袋……到处都能看到毛毛虫。

教室正前方的黑板上方写着六个大字——做最好的自己。孩子们一抬头就能看到。坐在这样的教室，看着这样的话语，我们每一个人都会暗暗提醒自己：我是小小的毛毛虫，只要每天努力，终有一天，会变成美丽的大蝴蝶。

家校联手，凝聚了教育合力

我觉得，一个老师，其实带着两个班：一个班是孩子们，另一个班就是他们背后的家长。家校联手，才能构建立体化的教育体系。从2006年走进银河开始，我就跟着银河的前辈坚持撰写每周家信。最初，只是反馈一周学习情况，表扬班级先进，布置下周工作。后来，逐渐变为指导家长培养孩子的良好习惯。

2008年，我在“教育在线”创建了班级成长主题帖，实现了与家长、孩子的线上互动。

2009年起，我开通了“相约星期五”在线平台，每周一个主题，和家长探讨亲子教育，破解家教难题。

2010年，一位家长参与了汶川地震的灾后援建工作。利用这个契机，我策划了一节亲子班会，发动所有家长与孩子，与玉树的小伙伴拉起了友谊的手。这节课还在省、市、区都获了奖。

2011年，我开始在班级QQ群推送朱永新教授主持的“新父母晨诵”，引领家长更新教育理念。有位2014级的家长，还加入了新教育萤火虫团队，成了一名义工妈妈。

家长，是教育的第一责任人。家校合作，协力同心，让我们走得越来越近，变得越来越亲了。

电子档案，体验了职业幸福

我们学校的学生成长档案走过了三个阶段：最早，是一张简简单单的素质报告单；之后是全科评语加实物档案；2007学年，创生了电子成长档案。

全科评语加实物档案评价时，我总觉得，这样的纸质档案缺少了一些生命的灵动，于是常想，能不能有更好的方式。刚好，隔壁班有位电脑技术高超的家长向孩子的班主任推荐了电子相册制作软件，这让我有了灵感。第二个学期刚开学，我就买了数码相机，每天记录孩子们的日常生活。课堂、阅读、玩耍、做操、领奖……一个个身影都被定格了。期末，我做出了生平第一份学生电子成长档案，它记录了孩子们的成长轨迹，叙述着教室里的生命故事。

2008年，学校成立教师专业发展共同体，其中之一就是电子档案项目组。朱老师问我能不能做这个组的负责人？我觉得我的水平还不够，但朱老师说："你不尝试着做些能力之外的事情，就永远无法成长。"这话让我下决心逼一逼自己。就这样，我成了项目负责人。从此，我不得不掌握更多的电脑技术，学习各种文字、图片处理软件；遇到难题，我学会了上网求助；一听说新的处理软件，总想上手试试；架构电子成长档案，有了更多的想法……渐渐地，找我询问的同事多了，请我修改PPT的同事也多了。而这一切，也让我越来越自信。

2008年10月，在萧山区新教育儿童课程展示活动中，我们做了电子成长档案的分享。11月，区教育局决定推出《萧山新教育》电子季刊，我成了季刊的制作者。文稿斟酌、照片选择、图片处理、文字编辑、页面排版……经过一个多星期的忙碌，第一期电子季刊终于在2009年1月完成了。紧接着，5月，又完成了第二期。7月，这两份季刊在海门新教育年会展厅播出，引来各地新教育人的驻足阅览，让我倍感自豪。

2010年5月，在我校承办的全国新教育开放周上，我做了电子成长档案项目的介绍。学生电子成长档案，被誉为别具一格的“生命叙事”。从此，这一创新之举受到广泛关注。我也代表学校数十次与省内外兄弟学校分享。

电子成长档案，让我找到了另一条专业成长之路，让我体验到了前所未有的职业幸福。

结　语

我一直特别庆幸，在教育生涯走过三分之一的时候，能够走进银河，和一群特别优秀的同事同行。特别是朱老师，一路带着我这个大龄老师，在新教育路上前行。与新教育相守的这么多年，我获得了许多额外的奖赏。2019年，我的“乐虫小屋”被评为全国新教育实验“十佳教室”，让我开心无比。

感谢新教育引领着我面朝岁月，重新绽放了我的教育之花！

十多年的努力，化为了短短的故事。但其中的改变，何其不易！

前面12年，周老师也很努力，也想当一个好老师，但遇到新教育后，她有了方向，有了动力，这十多年，周老师从来没有停止过前行的脚步，每一年都在挑战自己，甚至颠覆自己。

她曾说：“朱老师，以前我讨厌上班。但现在，当我来到学校门口，我觉得整个人变得无比晴朗，充满了阳光。”

这一讲的主题是“课程，让教师站起来”。这两位老师，都非常重视课程的研发。新教育一直倡导老师们研发课程，让孩子们享受不一样的童年。我们要用心琢磨，孩子究竟需要什么。孩子需要什么，我们就不遗余力去创造。好课程带来的，就是孩子生命的丰盈。而额外的奖赏，便是教师自身的成长。

经常有人说家长太难相处了。很多家长把孩子往学校一送，好像把教育的事全都交给学校了。但是，这两个班的家长始终是全心全意、死心塌地地围在老师身边，个中秘密，实在值得我们咀嚼、品味。

新教育，真的是一种让人目光向内、重构生命质地的过程。当然，前提是：你是否真的想要改变；其次是行动。行动了，才有重新绽放的可能。

一间教室，真的是会长大的。一个教师的高度，决定了一间教室的高度。当你这个班主任，以及你所带领下的学科教师共同体，每个人、每一天都在努力向上，那么，这一间教室也将越来越高，越来越大，越来越神奇。

你若黯淡，教室就黯淡；你若有光，教室就有光。

没错。

我若黯淡，教室就黯淡；我若有光，教室就有光。

第七讲

入学课程与毕业课程

前面两讲，我们都聊到“研发卓越课程”。

卓越课程，真的能润泽孩子心灵，成就一线教师。我们要从课程的实施者，成为课程的开发者。在落实国家基础课程的同时，去创造更多、更好的课程。

刚做课程时，我们其实心里没底，只是一点一点地“摸着石头过河”。慢慢地，形成了校级、年级和班级三位一体的课程框架。

校级课程，重点做的是“十品性课程”，是以校园十大主干道为抓手，面向每一个学生。这个课程旨在依托十条校园主干道，承载隐性的德育目标。通过品性解读、儿童课程、电影鉴赏、主题午唱、习惯养成以及德育实践等路径，塑造学生的美好品性（如坚持梦想、宽容乐观、勇敢无畏等）。以六年螺旋递升的方式，不断锤炼孩子的生命品格，最终成为孩子生命的一部分。

年级课程，针对不同年级段的孩子。

班级课程，则指向某个特定班级，是以课程标准为底线，以卓越标准为上限开发的课程。之前陈霞老师与周彩萍老师提到的，就是班级课程。

我们的年级课程，努力契合《中国学生发展核心素养》。《中国学生发展核心素养》包括自主发展、文化基础、社会参与三大领域，学会学习、健康生活、人文底蕴、科学精神、责任担当、实践创新六个方面，与之对应，我们设计了入学课程、食育课程、夏洛课程、农历课程、新闻课程、毕业课程六个年级课程。这一讲，我们来聊聊“一头一尾”，也就是入学课程与毕业课程。

入学课程：开学第一周，我们“不上课”

为什么要做这个课程？这还得讲个故事。

十多年前，学校刚建立的时候，我带一年级。班里有个孩子，不想上学，每时每刻都想回家。我只好每天盯着他。可是有一天，他不见了！我急坏了。当时，几乎全校出动，四处寻找，甚至还到食堂附近的水塘查看。后来，终于在离校很远的马路上找到了。原来，他妈妈把他送进学校就开车走了。哪知这小家伙居然从窄窄的门缝钻出去，撒腿就追。他妈妈根本就不知道。找到他时，他蹲在马路边，嗓子都哭哑了。我俯下身，打算抱他回校，哪知他在我怀里拼命挣扎，根本就抱不住他。当时我就想：这么瘦弱的孩子，他心里该藏着多大的恐惧，才会这么抗拒上学呀！

你有没有遇到过类似的学生？一定有吧。他们为什么害怕？是不是因为步入小学，几乎所有老师都会严肃地说：“现在，你们是小学生了，从今往后，不许……不许……不准……不准……”立了很多规矩。孩子就想：天哪，这小学也太可怕了，简直是监狱啊！所以，他就害怕——害怕老师，害怕同学，害怕这个陌生的环境。

那么，如何让一年级的孩子消除恐惧呢？

先来看看“开学”这个词。“开学”两字，繁体字写作“開學”。有人这么解读：“學”，上面是“两只手”和“两个爻”，中间是一个“儿”，底下是一个“子”。“爻”，是古人用来计数的算筹，后来慢慢演变为神圣的物品。“爻”的两侧是两只手。合起来的意思就是“用双手虔诚地捧着神圣之物”。“學”字的中间部分是一个“儿”。古时候的“儿”，表示古人席地学习用的桌子。最下面这个“子”，就是孩子。所以这个“學”，意思就是“孩子们无比虔诚、庄严地朝向神圣的事物”。

“開”，外面是个“門”，里边是个“开”，就是用双手把门打开。打开心灵之门，朝向世界开放，就是“仁”；朝向充满神奇与奥秘的未知，就是“识”；朝向我们自己的灵魂，就是“知”。所以“開學”，它指的是孩子们满怀虔敬、庄严之情感，用双手打开神圣的知识、智慧与真理的大门。这么去理解，是不是感觉“開學”庄重而神圣？

有人问全美最佳教师雷夫·艾斯奎斯：“56号教室到底有什么才如此特别啊？”他说：“我的教室不是因为拥有了什么，而是因为它缺了一样东西：恐惧。”没有恐惧！这是不是最重要的东西呢？

所以我们提出“开学第一周，我们‘不上课’”。这里的“不上课”，是不上语文、数学、美术等学科，而是上我们创生的入学课程。

	星期一	星期二	星期三	星期四	星期五
上午	1. 绘本《小魔怪要上学》 2. 绘本《我想吃个小孩》习惯培养：如何就餐，怎样如厕（班主任等）	1. 晨诵《母鸡和小鸡》（班主任） 2. 绘本《好饿好饿的毛毛虫》，制作书签（美术老师）	1. 晨诵《螃蟹》 2. 绘本《笨拙的螃蟹》，画一画最棒的自己（班主任） 3. 队列训练（体育老师）	1. 晨诵《好朋友》 2. 绘本《鳄鱼怕怕》 3. 画最勇敢的自己（班主任）	1. 晨诵《读书乐》（班主任） 2. 认识自己的学号 3. 培养整理物品箱的习惯（数学老师）
下午	1. 绘本《一根羽毛也不能动》 2. 参观校园，画一画校园（体育老师）	1. 数学绘本《乱七八糟的魔女之城》 2. 练习如何整理自己的书包和课桌（数学老师）	绘本《大脚丫跳芭蕾》：熟悉音乐教室（音乐老师）	动画《蝙蝠时间》等（英语老师）	暮省仪式：总结一周生活，鼓励孩子们向下周的正式学习发起挑战（正副班主任）
放学前20分钟	暮省：回顾一天生活，交流学到的本领以及最开心的事				

这个课程都上些什么呢？班主任老师教晨诵、绘本，教孩子们怎么吃饭，怎么上厕所；数学老师带孩子们上数学绘本课，教孩子们如何整理；美术老师指导孩子们读读绘本、画画毛毛虫；体育老师教孩子们列队训练；英语老师、音乐老师与孩子们看电影。此外，每天早上都是“晨诵”。下午放学之前，会有20分钟的“暮省”。

你是不是马上想到了三个词？没错，就是儿童课程：晨诵、午读与暮省。每首诗歌，每个绘本，都蕴藏着力量。如果把很多诗歌、绘本集中起来，就会有更强大的力量。我们就用这样的课程来实现两个目标：消除恐惧、建立秩序。

这需要很多准备。首先，组织教师集训，指导如何上课。其次，组织家长培训，指导家长如何配合。这一周，我们希望建立七项规则：吃饭、如厕、整理、排队、听课、午睡、文明。

具体怎么做？简单说，就是借助故事来落实规则。

比方说，要引导孩子吃好饭、不挑食，老师会先绘声绘色地讲故事。

鳄鱼家有个宝宝叫奇奇。每天早上，鳄鱼妈妈都给奇奇拿来很多好吃的香蕉当早餐。每一次，鳄鱼妈妈都会说：“我的孩子，你长大了，多漂亮啊！”小鳄鱼一边吃香蕉，一边说：“那当然！”有一天，小鳄鱼不想吃香蕉了，它说：“我就想吃一个小孩！”爸爸妈妈一听，“啊？是不是香蕉吃腻了？要不，给它做个巧克力蛋糕？”爸爸妈妈倒腾来倒腾去，把蛋糕做出来了，拿给奇奇吃。可奇奇还是坚持：“我不吃蛋糕，我就想吃一个小孩！”爸爸妈妈没辙了：“怎么回事啊？我们宝贝怎么变成这个样子了呢？”这时候，奇奇感到浑身没劲，它想：我去洗个澡也许会好一点儿吧？于是向河边走去。突然它眼前一亮，河边竟然坐着个小女孩！它想：啊，今天运气真好啊！我真的可以吃一个小孩啦！于是，它快步走过去，露出全部牙齿，好像一只随时准备出击的凶猛野兽，“嗷——”向这个小女孩扑过去……

你猜，结果会怎样？

“哦！快看呀！”小女孩喊道，“一只小鳄鱼！真是太小了！好可爱啊！它肯定吃得很少，不然怎么会那么小！”小女孩一把抓起小鳄鱼的尾巴，在它肚子上挠痒痒，一边挠一边说：“咯吱！咯吱！”等到她挠够了，“啪！”地一下就把奇奇扔到了河里。“哎！真倒霉，太没面子了！”这时候，奇奇已经饿得晕头转向了。它一边跑一边喊：“爸爸，妈妈，快给我香蕉！我要吃香蕉！我要变强壮！”它一口气吃了很多很多的香蕉。吃完香蕉，它说：“等我变强壮了，我再去吃小孩！”

听到这儿你有什么感觉？“吃小孩”听起来似乎很可怕，但孩子们却津津有味地回答：“哈哈，太好玩了，这么小一个鳄鱼竟然想吃小女孩！”老师紧接着问：“为什么奇奇一开始不喜欢吃香蕉，后来却那么喜欢吃了呢？”孩子们说：“那是因为它想让自己长得高一点、壮一点啊！”“那你想让自己长得高一点、壮一点吗？”“当然喽！”老师说：“既然这样，咱们就要学会吃各种食物。我们学校的食堂聘请了营养师，为大家精心设计了食谱。每一种菜都有营养。每一种食物，都要尝尝。来，我们认识一下它们吧！”

我们会把有些孩子不太喜欢吃的食物列出来：“你们看，这是香菇，它能预防癌症，让身体更强壮！这胡萝卜富含维生素A，能让眼睛更明亮！”于是，孩子们第一次意识到，所有食物都要吃。这样，才能像奇奇那样，变得强壮。

讲完故事，做好引导，够了吗？不够。我们还会播放就餐视频，指导细节的落实：先洗手，再排队；排好队，去食堂；进食堂，不讲话；不挑食，吃光光；吃完了，去倾倒；倒食物，对准桶；放餐盘，叠整齐；小调羹，放篮里。

看完视频，老师会请每个孩子复述要领。待所有孩子都掌握了，就带他们去食堂就餐。如果孩子做得很棒，就能得到“就餐奖励卡”。

这，就是借助绘本《我想吃个小孩》为孩子建立就餐规则的过程。整个过程，孩子们为什么乐意去做？因为每个孩子都会想：我要多吃点，我要变强壮！

其他规则，也是同理。

数学老师教孩子们学会整理的方法。他们先用绘本《世界上最帅的猪》，让孩子们学会数数；再用《一起一起分类病》，让孩子们知道怎么分类；最后，用《乱七八糟的魔女之城》，教给孩子整理的方法。整个过程，孩子们都在听故事，所以特别开心。听完故事，付诸行动。老师会细心地教孩子们如何整理桌面、抽屉、箱子。一周5节课，前4节讲绘本，第5节大比拼，而且不光整理学校里的物品，回家后还要把自己的房间整理好。

9月，我们会安排关于午睡的相关课程。可有些孩子总睡不着，怎么办？老师就拿出了法宝《一根羽毛也不能动》。这个绘本讲的是一只鹅和一只鸭子在比赛，比谁一动不动保持的时间长。老师就讲这个故事给孩子们听，然后问：“你们想不想也来比一比，谁一动不动保持时间最长，谁就是冠军，就能拿到奖励卡！”一听要比赛，孩子们就来劲了。所有人都趴在桌上，一动不动。结果呢？10分钟后，很多孩子就睡着了。老师就悄悄地走到他们身边，把奖励卡放到桌上。孩子醒来后，看到奖励卡，开心极了。

我们的入学课程，就是以这样的方式，由一年级所有任课老师协作完成。孩子们就在读读诗歌、听听故事、看看电影的过程中，不知不觉养成了习惯，建立了秩序，爱上了学校。

2012年4月，我们搭建了课程框架，没想到得到了朱永新老师的肯定与鼓励。当年9月，我们就开始实施。从那以后，课程每一届都会迭代升级。

比如，原先的奖励卡是一张硬纸片，不便保存，后来就用塑料五角星替代。现在又升级为用星星贴纸与好习惯存折相结合的方式了。

我们还引入了手语操。在入学第一天我们就告诉孩子们：当老师把两只手放在脑袋两侧，意味着你要专心看老师；单手放耳侧，是要专心地听；一只手手心朝下，另一只手手指抵触掌心，表示你要快速静下来……慢慢的，只要一做指令，孩子们立马就明白了。老师们说："这下好了，再也不用担心嗓子喊哑了。"

再比如，最开始选的电影是《海底总动员》，但播放时间长，内容难度大。于是改为10分钟左右的中国经典动画，效果不错。有的孩子经常欺负别人，怎么说都不管用，怎么办？老师就播放《淘气的金丝猴》，讲金丝猴怎么使坏，大家都不喜欢它。看完，老师就问："你想不想做那只金丝猴？"那孩子拼命摇头："不要！"老师又说："那就要跟小朋友和睦相处哦。"果然，孩子慢慢就变了。

一年级孩子的注意力保持时间也就15分钟左右，但一听故事，马上专注了。很多孩子说："怎么这么快就下课了呢？我故事还没听够呢！"有一次巡课，我发现有个小朋友一直躲在课桌底下玩，但第3天再去，他已经在聚精会神地听故事了。这，就是故事的魅力啊。

我们曾担心孩子们就餐秩序会很乱，但实行了前文提到的就餐法后，惊讶地发现整个就餐区域，一年级竟是最安静、最干净的。

最后，我们再来聊聊入学课程中的"暮省"。每天放学前，有20分钟的

“暮省”时间。老师们会问孩子们两个问题：

> 一天过去了，你开不开心？
> 今天你都学到了什么呀？

孩子们会争先恐后说各种开心事，以及新本领。

讨论完这两个问题就放学了。这时候，爸爸妈妈已在门口焦急等待，一见孩子便问：“宝贝，今天你开不开心呀？你都学到了什么啊？”孩子就开开心心、滔滔不绝地说开了。其实啊，这两个问题，就是我们在家长培训会上提的要求，让他们每天放学见到孩子就问。

听完回答，爸爸妈妈立马夸奖：“哇，你今天真是太棒了！”孩子就会兴致勃勃地说：“妈妈，明天你早点叫我啊，我要赶紧到学校里去！”就这样，第二天孩子就高高兴兴来上学了。之后，每天放学都是如此的流程。

这样做就是在强化一种情感——把孩子们愉悦的情绪以及学到本领的成就感，像滚雪球一样滚、滚、滚……一直滚到星期五下午，迎来隆重的暮省仪式：入学庆典。

入学庆典做什么？对所有孩子进行表彰。我们会当着爸爸妈妈的面，给每个孩子隆重颁奖：“因为这一个星期你表现得很棒，所以要奖励你！”每个孩子拿到奖状后，可以领取奖品。奖品是什么？是新书！

我们也曾担心，第二周开始正常教学，孩子们会不会又不安心了？后来发现，这种担心是多余的。因为孩子们非常珍惜奖品（新书），他们觉得，我之所以能够学拼音、学数学，是因为我第一周特别努力。

2012年至今，累计已有4000多名孩子经历了入学课程。令人欣慰的是，几乎再也没看到孩子哭闹，甚至有孩子说：“星期六和星期天，我还要去学校读书！”

2012年，朱永新老师在山东临淄全国新教育实验第十二次研讨会上推介了我们的课程。而今，入学课程已在全国上千所学校推行。

2013年，全国新教育实验第十三届年会在我校（分会场）召开，我们就把参与首轮实验的老师都请上了台。老师们关于入学课程的讲述与感悟，引发了严文藩教授带领的美国校长团的共鸣。

2013年，入学课程发表在了《中小学管理》杂志，还获评2014年新教育“十佳卓越课程”、萧山区德育精品工程。2015年、2019年，《人民教育》微信公众号先后两次推介了入学课程。

有读者会问，这个课程我能否一个人做？能否把时间压缩为两三天？我的建议是尽可能团队协作，尽可能保持一周，这样“聚焦一点，集中发力”，才会更有效。

如果说入学课程是孩子步入小学的一个开始，那么毕业课程就是孩子小学六年的一个结束。

孙娜老师：我们的毕业故事

六年前，一群可爱的小娃娃睁着好奇的眼睛，走进了银河，开启了一段崭新的学习旅程。早上上学，傍晚回家，他们走过了春夏秋冬，走过了一年又一年，转眼，到了毕业。

六年，是个什么概念？可以是一粒种子从发芽到结果的几度春秋，可以是一棵小树逐渐挺拔浑圆的腰肢，也可以是一个生命从童年到少年的神奇蜕变。每一届银河的毕业生，回望六年，都会触摸到一个清晰的印记，那，便是银河的印记。

在银河，我总共带过三届毕业班。那么，每一届又有什么不同呢？

2012届毕业课程

2012届是我带的第一届毕业班。这个班只有21个孩子，是小班化教学。

这些孩子毕业的时候，举行了隆重的毕业典礼。典礼分五个板块：表彰“七星”、颁发证书、校长赠礼、年级庆典和种毕业树。

首先是表彰“七星”。“银河七星”，是银河学生的最高荣誉。三四百名毕业生中，只有七个孩子能获得这份殊荣。

接着是颁发证书。小学毕业怎么会有证书呢？嗯，我们就有。这份毕业证书非常精美，由校长亲自颁发给每个孩子。

然后是校长赠礼。礼物是什么？礼物是章校长娓娓讲述绘本《一片叶子落下来》。他告诉孩子们：人活着，应该做一个懂得奉献的人——为别人带去快乐，同时，自己也就快乐。这，就是生命的意义。我觉得，这样的毕业礼物，独特而珍贵。

紧接着，是年级庆典。每个班都会演出精彩的节目，诗朗诵、服装秀、葫芦丝，还有魔方表演，孩子们用手中的魔方，快速地拼出了“我爱银河”的字样。庆典的尾声是放飞梦想——家长们准备好了白鸽，让孩子们亲手放飞，让自己的梦想随着白鸽一起飞上蓝天！是不是特别诗意，特别浪漫！

最后，是种毕业树。章校长说：“今天，你们在校门口种下毕业树，十年后，这里会出现郁郁葱葱的毕业林。将来有一天，白发苍苍的爷爷会牵着孙子或孙女的手说，‘瞧，这可是你爷爷当年种下的哦！’”如此美好的画面，让人浮想联翩，无限期待。

2015届毕业课程

2015届毕业班，有45个孩子。他们毕业的时候，除了毕业典礼，还增加了“铭记文化”板块，包括以下内容。

首先是“画银河”。孩子们画了《我的小学生活》，他们把一年级到六年级最难忘的事都画了下来。孩子不同，经历不同，每一本《我的小学生活》

也就不同，但相同的是，即将离开母校的淡淡忧伤。

画完了银河，孩子们还画了敬爱的老师。喏，红红的头发、齐齐的刘海儿，这，就是我。我特别喜欢这幅画，所以一直珍藏着，还把它设置为手机屏保。

其次是“写银河”。这是一个孩子写的《忆银河》：

银河，你的美打动了我，
节气石儿立路边，串串枝叶垂河尖。
银河，你的美打动了我，
樟树成排落叶飞，漫漫长路令人醉。
银河，你的美打动了我，
点点花苞缀银河，片片枫叶满天舞。
银河，你的美令我深深沉醉，
难以忘却！

这首诗，让我读出了孩子心中的不舍，以及对母校深深的热爱。

孩子们还会“拍银河”。校园的角角落落，一草一木，都被他们的镜头捕捉下来了。

还有一项有意义的活动，就是校服捐赠。银河孩子有好几套校服，夏装、过渡装、秋装、冬装。毕业前夕，德育处发出倡议：毕业了，把最美的东西留下来，让这些校服，物尽其用。孩子们纷纷行动起来，挑出最新的校服，洗得干干净净的，晾干、熨平、叠齐。然后，放入学校统一下发的塑料袋里，写清性别、类别、尺码等信息，还会附上捐赠者的寄语。最后，学校会委托一些公益组织，把校服寄往最需要的地方。银河学子的爱，就以这样的方式得到了延续。

最后一项活动，就是清洗课桌。据说国外有一所学校，孩子毕业时，会将课桌椅搬到附近小溪边，洗得干干净净的，留给学弟学妹。我们觉得值得效仿。于是，毕业典礼前一天，孩子们就动手清洗了课桌椅。整个过程，非常安静，每一个孩子都擦得非常用心。

“铭记文化”的最后一课，是老师带着孩子们再走一遍校园：认一认每幢楼宇，读一读每条路名，看一看每处景观。因为，我们期待孩子成为什么样的人，原本就已经蕴含在这些文化元素中了。

2018届毕业课程

2018届毕业班，有38个孩子。从这一届开始，我们拥有了自己独特的名字“娜家小屋”。当然了，这个“娜”字就源于我的名字。“娜家小屋”特别温馨，充满笑语。

这届孩子毕业的时候，我们又增加了“人格品性”的内容。我们觉得，文化，不仅要烙印在心里，还要落实到行动。

首先是毕业手印。每个孩子进入银河，会在爸爸妈妈的祝福中摁下手印。六年后，他们即将离开，会再次摁下手印。这手印，不光见证了他们的成长，更是对未来的憧憬。

其次是国防教育。我们把孩子们带到了浙江工商大学人民武装学院。在三天两夜封闭式的军训中，学习、锻炼，体验军营生活。你看，这是在扛木桩，一个个咬紧牙关，全力以赴；那是在举轮胎，一个个团结协作，坚持到底。最难忘的是“士兵突击”。挑战失败，队长受罚，队员们就特别难受，哭得稀里哗啦；挑战成功，一个个喜极而泣。班主任们更是情不自禁冲上前去，紧紧抱住了自己班的孩子。

研习结束还进行了汇报展示。当孩子们雄赳赳气昂昂地走过司令台时，全校的老师和孩子们都为他们喝彩！三天两夜的军营生活，使他们变得更加独立、勇敢、坚毅、团结。

当然了，每一届毕业时，都少不了个性留影，还有各种创意满满的集体照。我想若干年后翻看照片，他们一定还会清楚地想起在银河的快乐时光。

从2012届到2018届，我带过了一届又一届毕业生，也经历了一届又一届毕业课程。这个过程，其实就是毕业课程从无到有、从简单到丰富的过程。它彰显着我们的办学理念，也是整个六年级集体智慧的结晶。

也许有人会说，班主任那么忙，还要做这么复杂的课程，好难啊。

一切美好的事物，都是曲折地接近自己的目标，所有的捷径都是骗人的。课程也是同理。慢慢地做，一步一步地做，就真的会做出成效来了。在银河，许许多多的课程都是这样，从活动中来，从故事中来，从银河这片土地里，慢慢地长出来。

那么，毕业课程到底给孩子们带来了什么呢？我想，应该有很多：学会感恩、拥有梦想、乐于奉献、责任担当、勇敢无畏……虽然，每届孩子不同，但课程目标都是一样的，那就是让每一个从银河毕业的孩子，带着银河的印记，踏上新的征程。

朱永新老师说，人的一辈子，可以分为三个阶段：第一是摇篮和家庭阶段，第二是校园和教室阶段，第三是职场和社会阶段。

摇篮和家庭阶段，孩子渴望爱与安全；职场和社会阶段，需要各种能够适应职场和社会的能力。而校园和教室阶段，处在“摇篮和家庭”与“职场和社会”之间，起到了承上启下的重要作用。那么，作为学校，又承载着什么样的使命？没错，既要给孩子安全和爱，又要教会孩子适应职场和社会的各种能力。当我们意识到这一点，是不是感觉肩上突然变得沉甸甸的了？

为什么要做入学课程？因为当孩子从“摇篮和家庭”步入“校园和教室”，需要的就是安全和爱。所以，创设入学课程，就是满足孩子的这种需要，让他感觉到安全，感受到有爱。

为什么要做毕业课程？因为孩子们即将离开小学，我们希望他们面对困难，不屈不挠；与人交往，不卑不亢……

一句话，孩子需要什么，我们就创造什么。

这些年，虽然我们的课程还比较零散，不够科学，不成系统，但出发点从未改变——让每一颗星星在银河中闪光。我们期待通过课程，全面发展学生核心素养。

所有的课程，都是从银河这块地里“长”出来的。

所有的课程，都有一个相同的终极愿景，那就是：拓展生命的长宽高。

第八讲

食育课程：吃好，才能学好

第七讲提到，我们的年级课程是围绕《中国学生发展核心素养》六个关键词设计的。我们希望银河的孩子因为“穿越”六年的课程而变得与众不同。一年级的入学课程，指向的是“学会学习”；六年级的毕业课程，指向的是“实践创新”。

这一讲，我们来看看二年级的食育课程，它指向的是“健康生活”。

食育课程，就是让孩子真正学会吃饭。有人也许会说：“吃饭，谁不会啊？”其实，它真的是一门学问。

寒假前，“萧山发布”推送了一则微信——“做三次不重样的早餐？这所学校的寒假作业，不简单！”这份作业是这样的：

1. 正确执握筷子、使用筷子；
2. 学会磕蛋、打蛋、剥蛋；
3. 学会用菜刀切青菜和萝卜；
4. 学会用电饭煲煮饭，用电热水壶烧开水；
5. 在不同场合，能遵守中餐与西餐的礼仪；
6. 至少做三次早饭，不重样；
7. 每天至少喝足四杯水，总计大概一千毫升；
8. 选一道最爱吃的菜，写、绘它的营养组成；
9. 向长辈了解“萧山十碗头”的名字与来历；
10. 和家人一起准备年夜饭。

这是我们布置给二年级学生的寒假作业。有点难吧！不过，孩子们完成得非常好。

每天中午，二年级学生会在教室吃午餐。他们按小组围坐，桌上铺着桌布。餐具是食品级不锈钢做的，卫生、牢固，汤水不易洒出。每次饭前，老师都会引导交流：今天的菜品是哪些食材，富含哪些营养。吃完饭，孩子们会排队倾倒厨余垃圾。小小管理员会把奖励贴奖给那些基本光盘、倾倒认真的孩子。

每周一下午，二年级学生就会上食育课。内容有认识食物、合理饮食、就餐礼仪、食物生长、食品安全等，还参加各种实践活动，清明节做青团、中秋节做月饼、冬至包饺子，还去星耕园劳作、去杭帮菜博物馆参观等。

2019年10月，朱永新老师来到银河，二年级孩子们送上了他们最爱的食育绘本，还跟朱老师一起分享了玉米、红薯等五谷杂粮，对朱老师提出的问题对答如流。

这，就是我们的食育课。

课程缘起

为什么要做这个课程呢?

2017年，我无意中读到一本书《会做饭的孩子走到哪里都能活下去》，讲的是日本一个身患绝症的妈妈千惠，在生命的最后时光，教会了女儿阿花怎么做饭。

阿花5岁时，千惠去世了。阿花7岁生日那天，给妈妈写了封信：

妈妈，阿花有件事想告诉您，那就是所有的便当，我自己都会做了。妈妈，您很吃惊吧。有一次，爸爸睡过头了，没给我准备便当，我就自己蒸了米饭，烧了菜，还跟爸爸说，将来凡是厨房里的活都由我来做。妈妈，我最近最拿手的就是咖喱饭和土豆烧肉。怎么样，很棒吧！因为我和您说好了，您就在天上看我的行动吧。还有不要说别人坏话，不要忘记微笑，这都是您教给我的，我会记在心上。妈妈，现在阿花已经不哭了，妈妈，我会加油的！

千惠曾说："吃得好，才能活得好。学习可以放在第二位。只要身体健康，能自食其力，将来无论走到哪里、做什么，都能活下去。"

这，就是这位伟大的母亲留给女儿一生的礼物。看完书，看完由书改编的电影《小花的味噌汤》，我非常感动。我想，阿花能做到的事，我们银河的孩子一定也能做到。只要学会了吃饭，学会了做饭，走到哪里都能活下去。

于是，我开始疯狂搜寻食育方面的资料。这一搜，让我发现，世界上很多国家都十分重视食育。

日本最早提出了食育立法的概念。1896年就提出"体育智育才育即是食育"。2005年，日本颁布了《食育基本法》以后，重新把食育作为生存的根本，作为智育、德育及体育的基础，将它作为一项国民运动，以家庭、学校、保育所、地域等为单位，在全国进行普及与推广，通过对食物营养、食品安全的认识，以及食文化的传承与环境的调和，表达对食物的感恩之心，培养国民终生健康的身心和丰富的人生经验。在日本，每年都有"食育月"，每月19日被定为"食育日"。

引文中这组数字很有说服力：

20：日本人均寿命连续二十年全球第一，其中女性的平均寿命为86.8岁。

10：日本人均身高在二战后增加了10厘米。

0：早在2010年，日本不吃早餐的孩子的数量已经为零了。

4：肥胖率4%，属全球最低。

300：日本现有300多万营养师，每300人配一名。

网上有个短视频，讲的是一个日本孩子的午餐。从早上出门自带吃饭用的筷子、餐布开始，到饭前感恩，饭后整理，每一处细节都让人震撼。我们能够真切地感受到，在日本，所有人都把吃饭视为一件非常重要的事。

山姆曾做过一个演讲，他说："希望孩子们学习好吗？那请首先给他们好的食物。"他发现，长期没有良好营养摄入，尤其是持续不吃早餐的孩子，学习力非常低下。当政府提供免费营养午餐后，孩子们的数学成绩和毕业率都提高了20%，这是一个惊人的数字。他说，食育是一件我们齐心努力就能产生巨大作用的事。

还有个叫吉米的英国厨师，他在美国倡导校园午餐革命，就是为了教会每个孩子饮食。他说："与饮食有关的疾病，其实是人类最大的杀手。因为肥胖，这一代人比上一代人的寿命少了五岁。儿童对垃圾食品的贪恋，源于对蔬果食物常识的匮乏。学生在校的时候，从珍贵的8岁开始到13岁，能够享受烹饪后的当季新鲜食物，让每个孩子离开学校时，至少能知道10种菜的做法，这是孩子必须掌握的生活技巧。"他还说："教会孩子健康饮食，鼓励家庭重拾烹饪技能，将推动整个世界的变革。"

奥巴马的夫人米歇尔，曾在白宫开辟了一个菜园。附近学校的孩子们会时不时来菜园劳动。奥巴马和他的女儿们也会来这里拔拔草，整理整理菜园。这个菜园种了55种蔬菜，有的捐赠给慈善机构，有的供应给白宫厨房。米歇尔写了一本书叫《种于美国》，呼吁美国人民健康饮食。她的这本书也引发了全美主妇开辟“一米菜园”的热潮。2016年，米歇尔搬离白宫时，私人捐赠250万美元用于这个菜园的运作。她说：“不管谁成为总统，希望这个菜园能成为白宫永恒的传统。”

提到孩子的健康，其实现状并不乐观。我国儿童肥胖人数急剧增加。7岁至11岁是发生肥胖的危险年龄。一旦肥胖，心血管疾病、高血脂、高血压、糖尿病这四大疾病便会如影随形。

养生专家万承奎说：“用肚子吃饭求温饱，用嘴巴吃饭讲享受，用脑子吃饭保健康。”我们很多人没学会“用脑子吃饭”，因为从未接受过系统的“食育”。

我们国家非常重视学生健康。2016年，中共中央、国务院印发了《“健康中国2030”规划纲要》。可以说，没有全民健康，就没有全面小康。教育部提出，要把健康教育融入学校教育教学的各个环节。但显然，要让政策真正落地，还有很长的路要走。我们创设这个课程，就是一种探索。

实施之前，我们对二年级学生进行了摸底测试，数据显示：5%的孩子不吃早餐；6.2%的孩子说不出生活中常见的食物；61%的孩子不清楚食物的营养价值；30%左右的孩子挑食、偏食、贪恋垃圾食品；50%的孩子不知道吃饭还要讲究礼仪；还有30%的孩子就餐习惯不佳，吃饭拖拖拉拉，并且不会收拾……至于使用厨房电器、知晓饮食文化、经常性地亲子共餐，更是少之又少。

为什么把课程放在二年级？因为研究表明，一个人的口味，有两个形成期：一个是怀孕期和哺乳期，另一个就是9岁之前。到了14岁左右，一个人的口味就基本定型了。

谁做的菜最好吃？很多人会说是“妈妈”。难道每个妈妈都是厨艺高手？为何我们都会依恋妈妈做的菜？其实答案就是14岁之前，我们吃的菜大多是妈妈做的。于是，妈妈的菜，让我们一辈子的口味基本定型了。哪怕你外出求学，结婚生子，最后慢慢变老，但口味很难再变。

在孩子口味定型的关键期，指导孩子健康饮食，可以事半功倍。这便是我们将课程设在二年级的原因。为了把课程做得更科学，我们将课程做成了课题，在杭州市立项，还邀请区、市教科所专家做了开题论证及中期调研。

课程实施

具体怎么做？

第一，是目标设定。根据《中国学龄儿童膳食指南》中的核心推荐，我们制定了课程目标，主要包括三方面：一是获得“食”的知识，二是具备“食”的能力，三是养成“食”的习惯。食育，就是以食育人，通过对食物营养、食品安全的认识，以及食文化的传承与环境的调和、饮食习惯的培养等，培养孩子终生健康的身心。

第二，是课程设计。课程设计要尽可能符合二年级孩子的认知，有趣味，可操作。课程总计30课时。

第三，是教师培训。每年6月底，我们会进行教师培训。老师们自主认领内容板块，利用暑假认真备课，完成PPT。新学期开学，组织说课，修订方案。

第四，是设施保障。二年级每个教室都开辟了食育专栏，里面有大量饮食方面的书籍。走廊上配备了校园阅读系统，里面有“食育”板块。下课时，孩子们就会点击浏览，兴致盎然地做“臭豆腐起源于哪个朝代”之类的题目。

最重要的当然是课堂教学。

第一板块是“了解食物”。老师带着孩子们认识各种食物。比方说葱与蒜，很多孩子就分不清。

第二板块是“合理饮食”。为了让孩子们不挑食，老师把金子美铃的诗《全都喜欢上》引入了课堂。先读一读诗，然后让孩子们把鱼、西红柿等词汇都填进去。读着读着，他们就知道了，每种食物都对身体有用，所以什么样的东西都要吃。我们还设计了一节课“分享你不喜欢吃的东西”，结果很多孩子上完课，就喜欢吃了。这也证明，在二年级，改变口味是比较容易的，若是到了六年级，可能就很难了。

第三板块是“食物生长”。老师把成熟的稻谷带进课堂，让孩子们摸一摸、闻一闻，甚至尝一尝。告诉孩子们：中国是水稻王国。然后，了解水稻的种植，画画水稻的一生。

第四板块是“就餐礼仪”。重点教孩子们学会中餐礼仪和西餐礼仪。吃中餐时，如何区分宾主座位？怎么使用筷子？吃西餐时，刀叉怎么使用，怎么摆放？我们会播放视频《中餐礼仪与西餐礼仪》，讲的是祖孙俩互学礼仪的故事。最后一句话特别有意思：小时候，您教我吃中餐；长大后，我教您吃西餐。

第五板块是“食品安全”。我们指导孩子们辨识哪些是垃圾食品，哪些是健康食品，如何通过包装，识别食品的安全信息。

第六板块是“饮食文化”。我们会让孩子们欣赏纪录片《舌尖上的中国》，还带他们了解世界美食，比如了解米其林餐厅、米其林主厨等。

第七板块是“食品制作”。我们设计了很多实践活动。比如让孩子们去食堂包饺子。吃着自己包的饺子，味道别提有多香了。

那么，作业是什么呢？上完课，孩子们把学到的知识画下来，这就是食育课程中的“暮省”。孩子们画的食物生动而逼真，西瓜、橘子、胡萝卜……全都是笑眯眯的。他们还用超轻黏土做成了小笼包、冰激凌，那“火锅”里面还装着羊肉、牛肉、胡萝卜、金针菇等各种食材，让人垂涎欲滴。

孩子们还参与种植体验。植树节，每个孩子都会种下向日葵。取个纸杯，在杯底戳几个小洞，把葵花子的尖角朝下，埋入土里。种下种子的花盆，在走廊上一字排开。之后的日子，孩子们就在那里热切期盼着。有个孩子在盆里插上了卡片，写道：“妈妈潘欣悦，宝宝向日葵，出生日期2018年3月12日。”有个孩子担心别人碰伤他的幼苗，特意写上了“我很娇弱，请不要摸我，看看就好”。

有付出就有回报。孩子们每天关注着向日葵，时不时与它一起拍个照：4月12日，35厘米；4月19日，82厘米；5月6日，113厘米……小小一株苗，不过两个星期，就超过了小朋友的身高，多么神奇！三四个月后，向日葵丰收了。孩子们小心翼翼地收着葵花子，别提多开心了！

课程评价

那么，食育课程怎么考核呢？

第一个学期学习结束后，主要有接下来几个方面的要求。

亲爱的孩子们，一学期的食育课程结束啦，你学到了哪些知识与本领呢？请你来接受一个小小的挑战吧！

任务1：食材采购与早餐制作

在家人的指导下，尽可能独立地完成食物的采购与早餐的制作。

一定要注意安全，预防烫伤、割伤等。请家人用照片或视频做好记录。

任务2：营养早餐分享

能够声音响亮、有条理地介绍下面一项或多项内容：

（1）你制作的营养早餐的食材组成与营养价值；

（2）你在采购食材或制作早餐中的感受与体会；

（3）你在这学期学习食育课程的收获。

根据要求，孩子们在家独立完成食材采购、制作，并到教室分享。父母协助做好拍摄、记录等工作。

有位家长发了个朋友圈，“娃说我腰疼，多加一个蛋，必须暖到腰”。原来，她的腰不好，早饭是女儿做的，为了让妈妈的腰快些好起来，这个孩子又加了个鸡蛋。这条微信引来了无数羡慕：“哇，你家宝贝太暖心了，真是贴心小棉袄。”实际上，过去一年，每天的早餐都是这个孩子做的。她会煮汤圆、下面条，还会做手抓饼。这个孩子就是202班的孩子。她个子小小的，每次做早餐，脚底下得垫个小凳子。她妈妈写道：“女儿第一次做早餐，我是担心得不得了，怕她烫着了，怕她受伤了。但是当她把泡饭盛起来，鸡蛋捞起来，手抓饼煎起来，整齐摆放在餐盘里呈现在我面前时，顿感满屋都是暖阳啊。”

会做早餐还不够，还要跟大家分享。早餐分享会上，孩子们一边演示PPT，一边介绍这份早餐中包含了哪些营养。比如，青菜鸡蛋面，面条主要是碳水化合物，鸡蛋中含有蛋白质，青菜中含有维生素B_1、B_2等。

第二学期结束，又是如何考试的呢？

我们的要求是：每人至少做出两道拿手菜，并记录食材购买、制作的全过程。孩子们提交的作业五花八门：有的炒南瓜，有的煎牛排……有个小女孩特别厉害，她做了两道菜，一道是酸菜鱼，一道是红烧肉，全都是“硬”菜。但是她杀鱼、剖鱼、烧鱼，步骤清晰，动作娴熟，丝毫看不出是一个新手，哪怕泼热油时都没半点胆怯。

所以食育课程绝不只是课堂上的纸上谈兵，更多的是要下厨房进行实战演习。

那么，当孩子们出色地完成一年的课程，又有什么样的奖励呢？

我们银河的吉祥物就是星星。每一颗星星形状不同，寓意也不同，它们分别是运动星、科技星、艺术星、快乐星、阅读星。

自从有了食育课，就又多了一颗星，叫作食育星。当孩子们认真上好每节食育课，每学期考试表现出色，一学年结束时就可以得到这颗食育星，拿到一枚食育章。

课程成效

短短一年，食育课程究竟有什么样的效果呢？

先来看看爸爸妈妈怎么说。

我的孩子非常喜欢食育课，每个星期一下午是他最期待的。他每次日记都要仔仔细细记录食育课的内容，经典语句就是“口水直下三千尺”。

因为食育课，我们全家一起购买食材、制作食物，享受美好的亲子时光。他说“自己烧的菜，就是香”，这真是奇妙的体验。暑假马上来了，孩子提出放假了每天烧一道属于自己的菜，我们都很期待！

自从有了食育课，孩子就对烧菜有了浓厚的兴趣，一有空就给妈妈打下手，切菜、炒菜，尽管还不熟练，但热情高涨。这对孩子有好处，尽早培养自理能力，也是一项生存技巧。更重要的是，会做饭的男生，以后更受欢迎。

从挑食到尝试各种有营养的菜，从浪费到珍惜粮食，从等待食物送到嘴边到自己下厨做饭，一步一步的改变，都是进步。感谢食育课！作为家长，我也更重视每一餐了。

因为食育课程，我家孩子开始介入一日三餐的设计，十分关注菜品的营养搭配。简单的家常菜他可以自己下厨房了，洗、切、烧，一气呵成，基本的厨房安全也不用担心了。

一直觉得孩子的独立能力很重要。当孩子日后能为心爱的人端上可口的饭菜，当孩子一个人的时候能更好地照顾自己，那画面一定极美！那一刻，她一定会感恩现在的食育课程！

食育课，不仅给孩子带来“食”的知识，更是让孩子具备了“食”的能力。他们参与食材购买、美食制作，甚至亲手栽种食物。这不是拿着教科书在学习，而是让孩子的味觉、视觉、触觉等多种感官综合去体验。这样的食育课，太强大了！

再来看看一年食育课程之后的观测数据：

80%的学生了解了就餐礼仪并能努力做到；

60%的学生了解了基本的饮食文化；

60%的学生会用一种以上厨房电器；

95%的学生能制作早餐以及1到2道家常菜；

吃饭拖拉、习惯欠佳的学生由37%下降到了23%。

这一切，让我们真真切切感受到孩子们的进步。

2018年，食育课程获评新教育“十佳卓越课程”。萧山日报、钱江晚报先后做了专题报道。2021年，我校被杭州市疾控中心授予“杭州市校园食育创新实践基地”。2023年，我们在杭州市低碳科技馆做了“吃好，才能学好”的分享，得到了浙江大学沈立荣教授等专家的高度评价。

“先有意思，后有意义”，是我们研发课程时秉持的重要原则。而食育课程，真的是既有意思，又有意义。“吃好，才能学好。”我们期待所有的孩子在9岁至11岁这个最容易肥胖的危险年龄健康饮食，茁壮成长。

老师们，最好的教育场所是厨房和餐桌。孩子吃妈妈做的饭菜，形成了一生喜欢的以“妈妈的口味”为基底的饮食结构。一家人围绕着餐桌其乐融融，父母的言传身教帮助孩子养成了受益终身的习惯。

我们如果真正理解了这两句话，就一定会从今天开始，去好好重视每一顿饭。既重视营养均衡，又重视言传身教。最后，让我们一起来复盘一下：

您是否知道早餐的营养摄入决定着孩子一天的学习力？

您是否知道小胖墩不是营养过剩而是隐性饥饿？（微量元素缺乏，饮食结构不合理）

您是否知道唯有鼓励孩子亲近食材，才能主动抵制垃圾食品？

您是否知道亲子共餐不仅是一起吃饭，更是一种共同成长？

您是否知道，鼓励孩子走进厨房，其实可以让孩子迸发无穷的想象力与创造力？

您是否知道，9岁以前养成的良好饮食习惯，将造福孩子漫长的一生？

…………

老师们，食育课程可谓“一年课程，三代受益”。因为这一代孩子学好了，他就会影响自己的爸爸、妈妈；当这些孩子成为爸爸妈妈，又会将这种好习惯传递给自己的下一代。

我们希望银河学子学会吃三样东西，那就是“吃饭、吃苦、吃亏”。显然，吃饭是排在第一位的。我们期待食育课程能推动千百个家庭的饮食变革，进而推动整个社会的健康饮食。

这，是我们的美好愿望。

这，也是我特意把这个内容单独列为一讲的原因。希望我们每一个人都能从今天开始，重视食育，重视健康。

第九讲

再微小的个体，也可有自己的品牌

第九讲，我们来聊一聊新教育的“教师专业发展”。

什么样的老师，才是一名好老师？

2009年新教育年会的年度主报告《书写教师的生命传奇》中对理想教师的描述有如下文字：

> 以孔子为职业榜样，为人生典范；重新体认以儒家精神为主体的依然有生命力及超越意义的思想传统，把它们作为自己生命叙事的元语言；把自己的生命看成一首由自己书写的诗歌，一部精神的小说（传奇）；选择一种优美与崇高兼具的生命文风；无论如何，对世界报以一种开放的信任，对生命报以一种坚定的信念，对职业报以一种深沉的敬畏；既让自己的生命恒久地处于诗与思的状态，又不断地修炼自己的职业技能，以努力达到在教育教学之事上左右逢源的自由之境，并最终把这一职业生涯锻铸成一部精致而隽永的历史……

简单说，一个好老师要具备两个条件：一是职业认同，二是专业发展。职业认同，是内在动力机制；专业发展，是技术支持系统。一只鸟儿要高飞，需要一对强劲的翅膀。一位教师要“高飞”，也需要一对“翅膀”。职业认同与专业发展，便是教师发展的两翼。

再通俗点说就是，一位好老师既要“喜欢做老师”，又要“能做好老师”。我愿，我能，缺一不可。

有的老师能力很强，但骨子里并不热爱教师这个职业。《盗火者：中国教育改革调查》制片人邓康延先生曾说：“教育是一项很美很温暖的大业……不懂、不爱、不愿献身教育的人，请离开。”我很认同这句话。

有的老师很喜欢做老师，但限于方法与能力，带不好班级，教不好学科，这同样是件糟糕的事。

如何实现职业认同呢？新教育启发我们去寻找生命原型或人生榜样，追问自己“我希望像谁那样活着”。找到了这样的人（比如孔子），我们便有了方向、有了动力，会意识到做教师是一件美好的事、伟大的事，就不会后悔自己的选择。

如何实现专业发展？新教育提供了三条路径——专业阅读、专业写作和专业交往，朱永新老师称之为“吉祥三宝”。

专业阅读，是吸纳与输入，是“站在大师的肩膀上前行”；
专业写作，是表达和输出，是“站在自己的肩膀上攀升”；
专业交往，是连接与合作，是“站在团队的肩膀上飞翔”。

基于此，我们做了一项有意义的尝试——打造基于优势潜能的教师专业发展共同体。物以类聚，人以群分。在一所学校，总有那么一些老师，特长、兴趣接近，那能不能让这些老师成为一个团队，一起在擅长的领域做喜欢的事呢？于是，我们推出了专业发展共同体菜单，设立了专业阅读、教育博客、儿童课程、班级管理、有效课堂、个案诊疗以及电子档案七个项目组，让老师们自由选择。

项目类别	专业发展指向	专业知识结构归属	终极愿景
个案诊疗	学生个案研究	实践性、研究性知识	让偏移常模的学生有尊严地成长
教育博客	专业写作与反思	研究性知识	反思并改进教学
电子档案	多维立体的学生成长评价	研究性、发展性知识	真实记录学生成长，生动反映教育现象
专业阅读	更新与丰厚本体性知识的专业引领	本体性、条件性知识	在根本性书籍中获取力量，改进教学
儿童课程	“晨诵·午读·暮省”的设计与导引	实践性、研究性知识	为学生提供广阔的智力背景
有效课堂	执教能力	实践性知识	提高教学效率，打造生命课堂
班级管理	班级文化构建及班本课程研发	实践性知识	师生共同编织有意义的教育生活

项目组成立后，我们设置了双级项目指导，既有校内的行政主导，又有校外的专家引领。平时各组自由活动，每逢银河教师论坛召开时则进行项目组之间的交流与学习。

两年多的实践与研究表明，这样的行动成效显著：专业阅读引领着教师们走上了“用智力减轻体力”之路；个案诊疗使10%至20%偏移常模的学生也能有尊严地成长；教育博客让教师“三省吾身”，不再依赖他人的思想而生活；电子档案评价更逼真地反映出教育现象，实现了评价的立体与多元；儿童课程则润泽了童年的生命，为孩子铺就了广阔的智力发展路径。

2013年，我们的研究成果《基于优势潜能的教师专业发展共同体的实践研究》获得了中国教育学会的论文一等奖。

接下来让我们来了解一下陈溢华老师的成长故事。

陈溢华老师：我与银河的故事

2005年，我放弃了一个调入银河学校的机会。

当时银河学校还是一所新建的民办学校，名叫德意。民办，在当时萧山这片土地上，是新生事物，待遇、前途，一切都是未知。我思来想去，顾虑重重，就没冒这个险。但我一直默默关注着这所学校，看到她势如破竹，后又急转直下，最后起死回生，让我的心情也变得五味杂陈。四年后，我又遇到了一个进入银河学校的机会。这一次，我克服了重重困难，终于来到银河。

初到银河，我发现这里的老师个个身怀绝技，很是自卑与胆怯。银河就像一杯醇香的牛奶，我生怕因为自己这杯水的加入，冲淡了牛奶的浓度。迎新会上，朱老师请每位老师说一说进银河的缘由。轮到我时百感交集，说到一半就泣不成声了。当时，朱老师的一句话不仅救了我的场，还点燃了我心中的火苗："在银河，到处都是机会，只要你足够努力，就一定能发光发热。"我暗暗下定了决心：好好干，一定要用最出色的工作弥补内心的缺憾。

转眼，十多年过去了。这些年，我在银河里尽情遨游，新教育的很多项目都深深吸引着我。尤其是课程的研发，让我的能力与素养，得到了极大的提升。

2013年起，我先后研发了两个课程。第一个是"班币课程"。小小的"班币"，融入了经济学原理，也蕴含了很多教育元素，让我的班级管理有了新的路径。另一个是"新闻课程"。以这两项课程研究撰写的论文，让我先后获得了省、市、区六个一等奖。之后，还获评了全国新教育先进个人、萧山区榜样教师、萧山区先进工作者等荣誉称号。同时，我还学会了以往想都不敢想的本领——做讲座。以前一直觉得，做讲座那是领导、专家的事，与我无关。从班币课程到新闻课程，我边实践边创新，边积累边分享。而今，两个课程都已非常成熟，我的分享也得到了省内外很多同行的好评。

2019年8月，我在河南洛阳全国未来教师成长力高峰论坛上，向与会专家、老师汇报新闻课程的相关内容。我做梦也没有想到，那个上个年级公开课都会紧张到手心冒汗、双腿发抖的我，有一天居然站上了全国的舞台。

下面，重点介绍一下我们海豚之家的新闻课程。

这个课程，源于一个人、一句话、一段遐想。那还是2014年新学期的班主任会议上，朱老师说："银河的孩子，能否坐在教室，胸怀世界？"当时，我脑子里突然就蹦出了一个词——新闻！嗨，新闻能够做到呀！关注新闻的渠道很多，看电视、看报纸、收听电台，还可以上网。按新闻的范围分，可以有地方新闻、国内新闻、国际新闻；按形式分，看、说、议、写，可做的事情很多。直觉告诉我，这是件很值得研究的事。

会后，我进行了深入的思考和研究。恰好三月份要申报课题，我就把它整理出来提交了。没想到，居然在区、市都立了项。

我是从三个维度来确定课程目标的。

1. 拓宽视野：通过新闻课程，丰富孩子的学习生活，让孩子逐步养成观察周边事物、关心国家大事、关注时事动态的好习惯。通过多渠道的新闻阅览，让孩子的知识与阅历快速增长。

2. 发展能力：通过新闻课程，让孩子在采集、演说、撰写新闻的过程中，形成敏锐的洞察力、卓越的表现力与较强的交往力，促进孩子综合能力的提升。

3. 培育正确的价值观：通过对新闻材料的评说与取舍，培养学生健康的审美情趣与明辨是非的能力，逐步形成积极的人生态度和正确的价值观，成为胸怀世界、富有担当的优秀小公民。

我尽量遵循学生的认知发展规律设计了课程内容，编排了“精彩的信息世界”“我的新闻我做主”“会写会推销”“我是新闻人”四大板块、九个章节、N个课时的课程内容序列（N是因为这个课程不仅限于校内，还有校外实践）。

课程实施的第一步是“打开视听，博览信息”。这是一个海量输入的过程。每一天，孩子们通过不同渠道获取新闻：阅览报刊、收看新闻、网络查阅、上下学路上电台收听。报纸从哪里来？在我们班，家家户户都订报纸。《都市快报》《钱江晚报》比较便宜，《参考消息》稍贵些。如何争取家长的支持呢？很简单，我告诉家长，订一份报纸的钱只够吃个肯德基全家桶，而一份报纸能看一年，一天才花五毛钱。再说，天天看报纸，是不是比天天看动画更有助于学习？家长觉得有道理，纷纷支持，有的还订了好几份。

课程实施的第二步是“再现事件，评说观点”。海量输入到一定程度，我们便开始输出自己的想法了。

首先是早间新闻快递。每天早上语文课前5分钟，推选两个孩子进行新闻播报（从学号首尾两端开始）。以个人演讲为主，新闻的“新鲜度”限定在1至2天之内。

其次是午间的新闻串烧。我们以小组为单位，合作进行主题式新闻演讲，时间为15分钟，8个小组轮流展开。午间新闻的“新鲜度”限定为一周事件，内容涉及军事、经济、体育、环保等各大领域。各小组成员要选题、组合、排练、演说、展示，每个环节都需要分工与协作。

第三是新闻会客厅。一月一次，由孩子们自主申报，主要内容为聚焦时事热点，论述民生观点。这是孩子们敏锐洞察力、机警应变力的巅峰对决。像中美贸易战这样严肃的话题，也被孩子们选中成为时事讨论的热点。

无论是哪一种新闻演说，都需要评委。评委是谁？是其他孩子。评分标准也是大家一起制定的，包括五个方面：是否脱稿、新鲜指数、内容选择、语音体态、是否感受独到。小组新闻的评比标准，还增加了“合作默契”“创意表达”两个指标。

最初孩子们进行新闻播报时，手里总是拿着从报纸上剪下的“豆腐干”。能不能把这些素材，更好地保存下来呢？我鼓励孩子们制作成了剪报。

看新闻、说新闻、评新闻、剪新闻，可以说我们利用新闻，做了很多事。那么，如何让孩子学会采访与报道呢？我想到了专业援助。

带2014届的学生时，请来了萧山电视台编辑陈少敏进班指导。我还把孩子们带到萧山日报印刷厂，让他们亲眼见证了一份报纸的诞生历程。

2017届的学生，我把他们带到萧山电视台，听首席记者王争青的专业引领，还到演播大厅与新闻主播零距离交流。

就这样，经过高手的指点，我们的新闻课程迈出了重要一步，孩子们开始写稿了。我们的新闻稿分为五大类。

第一类，班级活动。很多班级发在校园网的新闻一般都是由老师写的，我们则是全班出动，人人写稿，择优录用。看到自己的新闻稿发在校园网上，这极大地激发了孩子们的撰写热情。

第二类，突发事件。有一次，我们班在考核评比中一下子被扣了3分，原因是放学后有四个孩子在校门口吃零食。做班主任最烦恼的莫过于即使磨破了嘴皮子，有些孩子就是不长记性。怎么办？我灵机一动，让四个孩子上台，接受提问，把事情的来龙去脉说清楚，然后大家来写新闻稿。没想到，这一举措无形中发挥了集体舆论的力量，教育效果好极了。

第三类，校园人物。孩子们会从各种渠道挖掘校园“名人”，比如周一升旗仪式后受表彰的优秀学生、橱窗里评选出的榜样学生等。

第四类，生活报料。渐渐地，孩子们有了敏锐的视角，开始关注生活中的新鲜事。有个孩子在去外婆家做客的途中，看到了一起车祸，造成整个路段堵车了。这孩子发现一个穿着制服的叔叔在处理事故，很好奇，一问才知道原来是保险理赔员，就对他进行了采访，还把文字整理成文章后投给了报社。结果，没多久就见报了。

第五类，专题新闻。2016年暑假，举世瞩目的G20峰会在杭州萧山举行。为了抓住这千载难逢的好机会，我引导孩子们开展了“G20，萧山因你而改变”的寻访活动。“HAPPY海豚队”的孩子们在寻、思、访、写中搜集了大量的新闻素材，形成了内涵丰富的微信报道，获得了萧山区一等奖。2018年5月，“寻梦海豚队”历时一个月，对7位“行业领军人物”进行了专访。

在这样的课程中，孩子们获得的能量不可估量，这是在学校、在书本上学不到的。为了表彰在新闻课程中表现卓越的孩子，我还受普利策新闻奖的启发，在班里设立了“海豚之家”新闻奖，分为最佳团队、最佳记者、最佳剪报、最佳演说四类，对应个人新闻演讲、小组串烧、剪报制作、稿件撰写。只要符合条件，随时颁发奖状。因为与班币奖励同步，拿奖越多则班币越多，所以大大激发了孩子们的参与热情。

那么几轮课程下来，有哪些收获呢？

朱永新教授曾说课程的丰富性，决定生命的丰富性；课程的卓越性，决定生命的卓越性。

孩子们的剪报，是一个“特别之窗”。因为每一份剪报，都是一个信息筛选、内容整合、深度思考和综合表达的过程。通过剪报，你可以清晰地洞察到孩子们在关注什么，思考什么：身边的民生小事、社会的热点新闻、国家的重大事件……跟随他们的脚步，你能见证美国从奥巴马时代到拜登时代的整个变迁过程，也能见证我国航天事业的迅猛发展。正所谓“风声雨声读书声，声声入耳；家事国事天下事，事事关心”。慢慢地，他们的目光越来越深邃，思考也越来越深刻。2020年春节，新冠疫情牵动了全国人民的心，也牵动着“海豚之家”孩子的心。有位孩子写道：“在这场没有硝烟的战争中，各行各业无数的人舍小家为大家，众志成城抗击疫情，相信我们定能取得最后的胜利。致敬每一位奋战在抗疫一线的工作人员，感谢你们用坚守给我们带来春暖花开的感觉。我们始终坚信：没有一个冬天不可逾越，没有一个春天不会到来。”这样超越同龄孩子的思考，在我们班比比皆是。我们看到了新时代少年的责任担当和家国情怀。

朱永新教授还说，课程的精彩不取决于外在的尺度，而取决于它对于具体生命、具体身心发展的促进幅度。

的确，这个课程为孩子们铺设了广阔的智力背景，发展了他们的综合素养。我们新闻播报的舞台，从一间小小的教室，扩展到了全校：我们接受邀约，走出教室，深入各班巡讲。在萧山区新教育开放日上，孩子们卓越的口才、得体的展示、独特的思想、机敏的应答博得了在场老师一次又一次的掌声。我们还代表学校，接待来自内蒙古的老师们，为他们做全方位的展示。

朱永新教授还说，新教育不把分数作为自己唯一的追求，但是好的分数，一直是对新教育人额外的奖赏。

2014届孩子的语文成绩，我在接班时位列年级倒数第二。然而到了四年级第一学期后，语文成绩出现了转机；到五年级，慢慢领先了；到六年级毕业考时，我简直都不敢相信自己的眼睛：优秀率95.8%，合格率100%，年级第一！

2017届孩子上学期期末语文成绩的优秀率为97.37%，合格率100%。

连续两届遥遥领先于同年级，让我非常震惊。教了二十年语文，这是从未有过的好成绩。最重要的是，其他学科也一起“飞”起来了。当教导处公布成绩，显示某个班四门学科8项指标全部位列年级第一的时候，我激动万分，因为这个班，就是我们班！

在这里，我不得不提一个孩子，每次想到他，都让我感慨不已。他，叫小J。第一次遇见他，与他热情打招呼，他头也不抬，沉浸在自己的世界里。原来，他是一个轻度自闭症患者。孩子的父母都是高学历的知识分子，可是多年来这个家一直被阴影笼罩着。

那么，这样一个孩子，三年后又发生了怎样的变化？学业成绩，从全科不及格到全优，语文成绩考了91分；社会适应力方面，从以前一个人独自封闭的状态，到现在学会了与人交流，学会了简短的演说。

他的蜕变，让人惊叹。毕业那天，他妈妈买了很多礼物，分发给班里的孩子们。她流着泪紧紧握着我的手说："陈老师，谢谢！没有您就没有孩子的今天！"

小J的改变，就是因为经历了新闻课程的培育。因这个课程而蜕变的，还有我的两届学生，当然也包括我自己。我也得到了很多额外的奖赏：全国新教育先进个人、浙江省教育学会论文评比一等奖、萧山区新教育十大榜样教师……

让孩子"坐在教室，胸怀世界"的美好愿景，就这样，通过几年的实践和探索，一步一步，成为现实。

我常常想：为什么小J会发生这么大的变化？为什么孩子们的成绩会奇迹般地逆袭？为什么我们的生命都发生了蜕变？

或许，因为课程的特质，使得小J不由自主地从封闭的世界走了出来，尝试与人交流，与人合作，表达自我？或许，新闻课程正好切中了语文学习的四大命脉：听、说、读、写，而这四种能力又在课程推进中得到了从不间断地锤炼？又或许，新闻课程改变了传统的学习方式，让孩子们真正进行着自主、合作与探究？

2019年，我们全体银河人都在啃读朱永新老师的著作《未来学校》。读着读着，我惊讶地发现我们的新闻课程竟与书中描述的未来学习中心惊人的相似：它没有围墙，不是孤岛，与外部世界进行着最大程度的联通；它集约资源，能者为师，高度满足了学生成长的内在需求。简言之，就是磁场效应，精神共振。这让我豁然明亮：原来，这就是未来教育的样子！《未来学校》恰似一盏明灯，照亮了我前行的方向。

回望课程之路，我和我们很多老师一样，都曾经历“独上高楼，望断天涯路”的困惑与迷茫，也曾坚守“衣带渐宽终不悔，为伊消得人憔悴”的信念与执着。然而当你用心去感受了，全心去投入了，总有一天，你会收获“蓦然回首，那人却在，灯火阑珊处”的喜悦与激动。

陈老师，是个特别有情怀有激情的老师。初到银河，她给我的感觉就是要想尽一切办法，让每一个学生都有最好的发展。她采用的主要方式就是增加作业总量，加强训练密度。

做了新闻课程后，她变了。每个星期，她都会从语文课中拿出两三节课，让孩子们做新闻课程。课少了，成绩受影响了吗？没有，反而更好了。

当陈老师践行了新教育的卓越课程以后，孩子们的学习热情被唤醒了，学习成绩也随之提升了，不光语文，所有学科都在进步。

前面说过，好老师的标准是职业认同与专业发展“两翼齐飞”。热爱教育的同时，我们需要以多种方式精进自己的专业能力。陈老师选择了“研发课程”这个路径，实现了自己的专业成长。

在我们学校，像陈老师这样，因为遇到新教育，因为践行各个项目而改变的老师，还有很多很多。

比如韩一娣老师——

回首走过的新教育之路，我的内心总是充盈着幸福。琐碎而平凡的每一天，因为不断地实践与反思而渐渐地沉淀在记忆里，清晰而美好！清楚地记得2008年，第一批新教育实验的孩子自制绘本时的新奇感和想象力；2012年，和第二批孩子在大雨滂沱的夜晚露营夜聊；2015年，和第三批孩子一起偷偷准备舞台剧《夏洛的网》；2017年，和第四批孩子们一起玩有趣的食育课程……借着故事，借着课程，我们与孩子当下的生命温情对话，犹如春雨，滴滴润心。是的，润泽了孩子们的心，也润泽了我的心。

比如洪成娣老师——

2007年，我知道了新教育。

2008年，我以新教育萧山实验区种子教师的身份参与新教育培训。

2009年开始至今，新教育，就是我的教育教学生活。

新教育是什么呢？不想把它说得高大上，但它确确实实改变了我对工作的理解，丰富了我的工作内容。

我推行“晨诵·午读·暮省”，用电子相册记录学生成长，用案例记录特殊学生，和老师一起研究“教师专业成长”，和家长一起做生日课程……

我的工作方式让学生、家长受益，但更多的是让自己受益，我每天都在与当下的自己和以往的自己进行激烈对话中思索、感悟。

当我用丰富的活动充实我的工作时，我的工作也就变得让人期待。

生命的丰盈来自精神的成长。新教育让我知道，我还可以做很多让生活变得更美好的事。

比如，倪丽芳老师——

我从2007年开始接触新教育，经历了写博客、读童书、进网师、带团队等阶段，新教育见证了我的成长。

新教育实验，让我“看见”。如果不是新教育实验，我不会知道在娱乐至死的年代还有那么多不甘活成平庸之辈的修行者，也不会明白真有一种方式，或许可以撬动沉重的教育现状。我相信，这些“看见”，或多或少，改变了我。

新教育实验，教我“思考”。“啃读”，是新教育实验在教师专业阅读方面提出来的概念。就像“海拔五千米”这个读书会的名称所表达的意思一样，新教育提倡“有难度”的阅读。啃一点，再啃一点，直到啃完最后一个字。就这样艰深执着，读完了一本又一本专业书籍。我想，这是惠及终身的。

新教育实验，令我“明亮”。朱永新教授曾说：“新教育是新，是行，是信……”十年追随，让我相信：在日复一日的教学生涯中，唯有身心合一地工作，才能获得薪酬之外的奖励。好的教育，是师生共赢的圆满，是志者同行的温暖，是恣意行走的快慰。

当看到身边的老师们一个个闪闪发光的时候，真的是感慨万千。教育的真正落地，取决于教师的专业站位。我想，唯有老师真正“站”起来了，我们的孩子才会“飞”起来。

由此，我也想到了我自己。我的教育人生，如果以2007年为界，可以分为两段。没遇到新教育之前，我很努力，使出全部劲儿，好好备课，好好上课，让我的孩子能考出好成绩。当然也因为努力，得到了很多荣誉，还早早地评上了中学高级教师。

但是，我并不快乐，我没有感到作为一个教师的职业幸福。直到2007

年，我遇到了新教育。那一年，我随新教育研究中心去贵州支教，深度融入儿童课程、教师发展等项目。十多年来，我和老师们一起，做了一些尝试。我惊讶地发现，我的内心，越来越充实，越来越开心。我想，这，应该就是作为教师的职业幸福。

回到朱永新老师说的教师发展“吉祥三宝”上。

首先，是专业阅读。通过阅读，我们才会去“清空”与“颠覆”。读《特别的女生萨哈拉》《窗边的小豆豆》，我才意识到要做波迪小姐那样的老师，小林那样的校长。只有啃读专业书籍，才可以站在大师的肩膀上飞翔。

其次，是专业写作。写作，是反思，是复盘，是积累。每日三省吾身，才能不再依赖他人的思想而活。前面提到朱老师曾开了“成功保险公司”，说每天写作千字文，十年以后，保证成为了不起的人。这方面，朱老师就是榜样，他每天四五点钟起床，读书写作，几十年如一日。

最后，是专业交往。合作，是一种很关键的能力，但在教师队伍中，单兵作战其实极为常见。我们多次提到“以集体的方式站立”，就是倡导老师们在合作中学习，在合作中成长。

我相信很多老师不乏对教师职业的热爱，但如何提升自己的专业能力，不妨在这三方面好好努力。

叶校长常说，与其在一百个点上各敲一下，不如在同一个点上敲一百下。

如果想做新教育，不要蜻蜓点水，而要选定一个目标，持之以恒做下去。像儿童课程、完美教室，都是非常好的切入口。

微信公众平台有句口号，叫作“再小的个体，也有自己的品牌”。我们虽只是普普通通的老师，但我们都可以变得与众不同。你看唐莹、陈霞、孙娜、周彩萍、陈溢华等老师，她们都很普通，但就是因为她们用心做、持久做，所以才在各自领域做出了品牌，成为标杆。

第十讲

孩子，是『我们』的

第九讲，我们聊了教师专业发展。这一讲，我们来说说“家校合作共育”。这是新教育十大行动之一，也是2017年新教育年会的主题。

美好的教育，必定是家校之间深度合作的结果。那我们是如何践行这个项目的呢？请先读读下面这封信《致银河家长：莫让美好蒙了尘》。

亲爱的家长：

每当夜幕降临，“让每一颗星星在银河中闪光”这几个大字便会在学校上空闪闪发光。是的，每一个孩子，每一位老师，每一位家长，都是银河中的星星。群星闪耀，成就璀璨银河。

我们始终相信，每一个孩子都是无价之宝，都是独一无二的生命个体，宛如一朵花、一棵树，有各自的生长周期。所以这么多年来，我们在“教育”这个伟大命题上，目标一致，心意相通。你们，是我们最好的同盟军与合伙人。我们彼此尊重，彼此信任，彼此鼓励，携手同行，形成了一种极其纯洁与珍贵的家校关系。

新学年开始之际（包括任何时候），我们恳请家长朋友们，一起呵护这份难得的感情，不要送礼金礼卡，不要送贺卡鲜花，不要请吃饭喝茶……因为一切物质的方式，都有可能使我们之间的美好蒙上灰尘。

倘若您真心想要表达对老师的感激，可以用很多有意义的方式代替：

比方说接送孩子上下学时严格遵守交通规则，为平安校园尽一份力；

比方说耐心陪伴，鼓励孩子每天保质保量完成作业；

比方说热爱阅读，努力工作，让自己成为孩子最好的榜样；

比方说经常与老师保持沟通，为班集体建设献计献策；

…………

当然，您还可以拿起电话，亲口对老师说声谢谢；还可以给老师留言，表达由衷的感激。

马克·吐温曾说："一句赞扬的话，可以让我多活几个月。"的确如此。好孩子，是夸出来的；好老师，也是夸出来的。一句暖心的话，一份真诚的肯定，能让老师如沐春风，疲惫顿消；能让老师激情四溢，满血复活。

再次感谢您，亲爱的家长。请放心，我们一定会恪守师德，用智慧、责任与爱，守护好每一颗小星星。

让我们一起，相信种子，相信岁月，相信美好的银河教育终将地久天长。

银河实验小学教育集团

这，是我们写给全体家长的公开信。什么时候写的？教师节前夕，也就是新学年刚开始的时候。2016年起，每年这个时候，我们都会把这封信发送给家长。尤其是在一年级新生家长会上，校长更是会当面把这封信读给大家听。

可以说，这是我们努力营建美好家校关系的一个缩影。回顾家校合作共育，我们主要做了两方面工作。

赋能家长，寻找同盟军与合伙人

早在2004年学校成立之初，学生就有校服了。这么多年，校服经历了好几次迭代：最早的校服，由娃哈哈品牌定制；2.0版，正装是一套深蓝的呢制服；3.0版，也就是孩子们现在穿的校服，分夏装、过渡装、运动装、冬装。

校服的设计很用心。比方说女孩子穿的不是裙子，而是裙裤，这样更适合运动。过渡装的领结、领带，脱卸方便。冬装呢，由冲锋衣和抓绒内胆两部分组成，防风又防雨，还可以根据冷暖，自由组合。

这个银河蓝校服，是怎么来的呢？全权由家委会负责。他们成立了专业的校服采购组，跑了全国很多地方，反复比较款式、材质、做工，选定四个厂家进行校服招标，最终由80多位家长代表投票选出了最满意的商家。之后，校服验收、分发、收费等所有工作，都由工作组负责。有一年开学，厂家送来了校服，家委会验收时发现有不少问题。他们立马发出警告，责令厂家限期整改，直到所有验收指标全部合格，再重新下发。

再来说说午餐。吃饭，是家长特别关心的事。如何让孩子既吃得饱又吃得好？除了食堂的师傅每天认真工作，膳管会严格把关之外，我们在很多年前就实行了家长陪餐制。

家长陪餐，是指每个班的家长代表，每天中午轮流来校陪餐。当然，不只是吃饭，还会到处走走看看，提出意见建议：餐厅卫生、食材质量、营养搭配、菜品口感、用餐秩序等。学校会根据家长的反馈，及时改进。

比方说，有位家长提出食堂门口地面有些湿滑，总务处就想了很多办法。先是用了涂层，效果不佳，又在楼梯上装了防滑条，还在食堂门口铺了地毯。同时，仔细分析油污产生的原因，发现用大盆盛放剩饭剩菜，孩子们倒厨余垃圾时难免会把汤汤水水洒到地面上，日久天长，越来越滑。于是总务处又定制了泔水架，底下放厨余垃圾桶，这样一来，汤水就不会溢出了。

再比如，有家长提出夏天天热，能不能给孩子加个汤。于是，总务处先在个别班级进行试点。一试，问题来了。每人一碗汤，八人一组的桌面就放不下。而且有了汤，孩子们很喜欢把汤倒到饭里吃，这对他们的健康也有一定的不利影响。于是反馈给了家长，家长觉得有道理，取消了这个提议。

就这样在家长们的参与下，我们不断优化管理，改进细节，比方说增加菜品、添置保温柜、调整餐桌布局等，让孩子们能够开心享用每一餐。

学校还设有燎原基金。每学期期末获评“三好学生”的孩子，可以拿到20元的奖金。这笔奖金，就来自燎原基金。2014年起，家委会每学期都会组织全校学生举行废纸回收活动，所得款项，就成了燎原基金。除了用于表彰“三好学生”，还为每个班添置图书、资助少量孩子的校服费用、支援贫困地区孩子等。

在我们学校，家长的身影随处可见：穿着黄马甲的家长护苗队，每天上下学护送孩子过马路；每个班都有家长“百业课堂”，真的是把三百六十行，行行都带进了课堂。

写到这里，你可能已经感受到了，无论是孩子的吃、穿、学、玩，家长都已深度参与学校管理中了。

再谈一下塑胶跑道改建的事吧。我们的旧跑道用了十多年，已是坑坑洼洼，破旧不堪了，于是打算改建。可当时，“毒跑道”事件时有发生，我们就很担心塑胶跑道的质量。叶校特别智慧，他发出了一道“跑道改建招募令”。

结果这方面有专长的家长们纷纷报名，一个非常专业的工作组成立了。碰头会、交底会、材料检测预备会，他们全程参与。跑道施工时，选样、取样、抽样、封样，全程都把关。最终我们的塑胶跑道所有的检测指标全部达标，一次性通过了验收。撤掉施工围栏的那一刻，孩子们欢呼雀跃——哇，我们的校园里藏着一片海！萧山网专门推送了一期微信，题目叫《史上最强家长智囊团来了》。反腐前沿微信公众号也以此点赞我校“家校合作”的清廉行动。

赋能，就是授权。赋能家长，就是赋予家长更多的权利，发挥家长更大的潜能。赋能家长，让家长不再是学校教育的旁观者与监督者，而是成了同盟军与合伙人。他们高度认同学校的办学理念，协力参与教育教学，齐心规避办学过程中可能出现的风险。

从2018年到2019年，学校党支部还联合八个部门科室，全面梳理、反复斟酌，汇编了《银河实验小学小微权力清单》。这是什么？就是尽可能列清列全每个部门工作中可能出现的所有问题，用非常规范化的流程来运作，规避风险。比方说，学生座位怎么排，“三好学生”怎么评，“银河七星”如何产生等。只要是家长关注的热点、焦点问题，都列入其中。我们以这样的方式告诉家长，无论哪个孩子，学校都尽可能做到一视同仁，公平公正。所以，与其说这是《银河实验小学小微权力清单》，不如说是银河家长的福利手册。

每年，我们还会评选“优秀家长”，表彰他们为学校教育做出的巨大贡献，隆重刊于校刊《银河教育》上。特别优秀的，还会获评“感动银河人物”。

深度联通：无缝对接，心意相融

学校与家庭的无缝对接，老师与父母的心意相融，是我们努力追求的理想境界。

每周五，我们会给家长写信，告知孩子一周情况；家长开放日，家长可以结合《观课单》，关注孩子的表现，提出意见建议。

而能与家长建立深度连接的，莫过于全员家访。

首先，是一年级新生家访。早在建校之初，这项工作就开始了。为什么要家访？因为我们需要多维度了解一个孩子的经历起点、心理起点与兴趣起点，包括家庭背景、健康状况、兴趣爱好、语言交流情况、社会交往状况等，这对后续工作的开展至关重要。

所以往往暑假已经开始了，银河的老师却还没有休息，他们经常两两一组，深入社区家访。家访中，我们会采集很多信息。最开始那几年，我们连"孩子是顺产还是剖宫产"这样的细节都会记录下来。我们还会把《银河学子N大细节习惯》发给家长，请家长了解并指导孩子实操起来。

1. 保持微笑，见面说"您好"。
2. 得到帮助，常说"谢谢"。
3. 接电话说"您好"，挂电话说"再见"。
4. 做错事情赶紧说"对不起"并及时改正。
5. 与人交流时，身体对着他，目光注视着他。

6. 打喷嚏或咳嗽时要用手捂住嘴巴，然后说“对不起”。

7. 向表现出色的人表示祝贺，鼓掌要保持3秒钟。

8. 不要盯着正在受批评的同学看。

9. 轻轻推门，随手关门。进出时，为别人扶住门。

10. 人离座位，凳放桌下；人离教室，桌面无物。

11. 对自己产生的垃圾负责。弯腰捡起能捡的垃圾。

12. 上厕所节约用纸，上完后不忘冲水、洗手。

13. 吃饭时，不对着别人的餐盘说话。

14. 像自己所希望受到的对待那样去对待别人。

阿莫纳什维利曾在《孩子们，你们好！》一书中，详细描述过他与孩子们初次见面前，如何对着镜子反复练习的情景。他说：“怎样说‘孩子们，你们好！’这是一个重要的教育学问题，而对于我个人来说，在这一时刻更重要的是掌握说这句话的语气和面部表情。如果我力图显示出自己对儿童真正的爱，我就必须以最完美的形式去显示它。”这让我们意识到，与孩子的第一次见面，再怎么重视也不为过。

其次，是全校性家访。2017年起，我们将九月中旬到十月中旬定为家访月，面向全校学生进行多种形式的家访。第一种是普遍性的电话访谈，第二种是选择性的来校面谈，第三种是针对性的上门家访。上门家访，主要针对家庭有困难、行为有偏差、学习有障碍、表现有起伏的学生。这些孩子，往往需要更多的关注，更多的爱。当然我们也会选择特别优秀的孩子，通过家访，了解优秀背后的原因，将好的做法加以推广。

如何家访？四个要点：学生情况面对面沟通，家长心声面对面倾听，育人策略面对面探讨，教育政策面对面解答。

上门家访一般2人至3人一组，班主任为主，其他教师和行政人员为辅。

整个家访工作，由校长室出方案，教导处、德育处、班主任等所有人参与其中。家访前，班主任会征求家长意见，提前三天预约，按照安排好的名单及路线登门家访。家访时，以正面肯定和鼓励为主，做好详细记录，并注意后续跟进。特别强调的一点是，不接受任何请吃馈赠。

通常，我们会将家访时间定在晚饭之后。因为这个时候，爸爸妈妈都下班回家了。你可以想象一下那一幕幕温馨的家访画面：有的老师在观看孩子表演拿手的节目；有的老师，现场指导孩子坐位体前屈；有的老师，送上了精心挑选的好书……

在家访的过程中，有两户人家给我留下了特别深刻的印象。

第一户人家，是二年级G老师班里的。她说，他们班有个孩子，屁股坐不牢，很像多动症。我决定跟她一起去家访。去之前，我做了些“功课”，买了两样东西。

第一样东西是《如何养育多动症孩子》，是指导父母的一本权威用书。我花了两天仔仔细细看完，大致了解了多动症孩子的一些症状。将它与G老师描述的这个孩子比照，发现很多地方相符。于是，从里边摘取了七八条给家长的建议。

另外一样，我在网上买了个类似魔方的东西，叫抗焦虑减压神器，也叫多指多动症魔方玩具。它有六个面，可以按压、滑动、旋转。孩子烦躁时，握着这个魔方情绪就能得到宣泄、得到舒缓。

带着这两样东西，我们上门了。我拿起这个玩具，示范玩法，孩子看得目不转睛。我跟他说，你到房间去安安静静做作业，坐20分钟，不要出来。做得到，就奖励玩5分钟。他破天荒地在自己房间里坐了20分钟。就在这20分钟里，我跟孩子妈妈沟通，认为孩子可能是多动症。应该怎么解决呢？书里面有很多策略，建议可以试一试。

孩子妈妈非常感动。她说，她一直以为是孩子不乖，所以不是打就是骂，以为“凶”一点就能解决问题。她说，一定按照书中的方法去做，还会借助魔方，让孩子有张有弛，完成作业。

几天后，杭州市首届“马术之星”海选活动在我校举行。这个患多动症的孩子特别感兴趣。我一看，机会来了，于是就跟他提了些要求，如果做到的话就同意他参加海选。孩子骑在马上，高兴得不得了。就这样，通过有针对性的方法与持续的激励，这个孩子无论是上课还是做作业，都有了很大的进步。

我家访的第二户人家，是个一年级的孩子。这么多年以来，我们的入学课程发挥了重要作用。开学第一周，小朋友们听故事看电影，都兴高采烈，但这个小姑娘却哭得撕心裂肺，肝肠寸断。

怎么回事？班主任说，这孩子在幼儿园就天天哭，哭了两年了。医生说是分离焦虑症。分离焦虑？既然是分离焦虑，那一定跟双方当事人都有关。也就是说，要“治”的话双方都要“治”。我注意到，每次妈妈送孩子到学校，孩子在校门内眼泪汪汪，泣不成声。妈妈在校门外，同样是眼泪汪汪，难分难舍。我猜，孩子的问题，可能跟妈妈有很大关系。

于是，我与班主任一起去家访。跟妈妈沟通，让其暂时不要再送孩子上学，改由奶奶接送。当然，班主任跟孩子承诺，只要奶奶接送，就可以当“大班长”，带孩子们早读。

孩子点点头，同意了。接下来的几天，我天天守在校门口。奶奶一到，我赶紧把她接过来，送到班主任手上。就这样，孩子慢慢变了——

9月19日，她不哭了，坐在位置上默默打开了语文书。

10月17日，我巡视教室时发现她正在看一本绘本，神情专注。

10月23日，她在走廊上跟其他孩子一起玩，那开心的样子啊，是我第一次见到。

一个多月过去，班主任说，孩子不哭了，也不提要回家的事了。

到11月中旬，她不光能开心上学，而且几乎是每天最早到校的了。

有一天，学校青草地舞台热闹非凡，我发现那个节目主持人落落大方、自信而阳光，仔细一看，竟然是她！

有一句话，在我校会议室墙上挂了好多年：用专业的爱，培植每一个特殊的生命。这句话，是台湾一位著名的教授来我校讲学时说的。

很多老师经常会说，我很爱学生，但是这个“爱”，得是“专业的爱”。什么是“专业的爱”？就像专业的医生，看到你发热，他会观察、诊断，对症下药。老师也是如此，不光要有“医者仁心”，更要有药到病除的专业能力。

还记得我之前介绍的七个专业发展项目组吗？其中有个组，叫作个案诊疗项目组，目的就是“让偏移常模的孩子有尊严地成长”。注意这里的表述，不是“差生、问题学生、特殊学生”，而是“偏移常模的孩子”。因为在世界上的任何一个角落，只要有教室，就会有10%至20%偏移常模的学生存在。我们，要正视这样的存在。

比方说孤独症。2024年，《中国孤独症教育康复行业发展状况报告》显示，全国6至12岁孤独症儿童的出现率为0.7%。如何理解并帮助到这些孩子？我们可能就要去读这方面的书，看这方面的电影。纪录片《遥远星球的孩子》通过关注孤独症者的生活，从医学、伦理、家庭等多种角度，探索孤独症者独特的心灵宇宙。《海洋天堂》讲的就是一个父亲如何照顾孤独症儿子的故事。《自闭历程》根据美国动物科学家、畜牧学博士天宝·葛兰汀的自传改编，讲述这个孤独症孩子坎坷而幸运的成长历程。

再比如读写障碍。你一定遇到过这样的孩子，他们常常把b写成d，把f写成t，也就是说，左右不分、上下不分，恰似“镜像翻转”。电影《地球上的星星》里面的伊夏，就是这样一个分不清字母、学习糟糕透顶的男孩。所有人都看不起他，包括他的父母。他非常孤独，直到美术代课老师尼克的到来。尼克老师翻阅伊夏的作业本，发现他有读写障碍。于是，他让孩子用橡皮泥把字母一个一个捏出来。这可是伊夏的强项，他马上就掌握了这些字母，学习也越来越棒。电影结尾很有意思，学校举行了一场全校绘画大赛，曾经嘲笑伊夏的老师们，画得惨不忍睹，而伊夏，毫无悬念地拿到了最高奖。那一刻，伊夏好开心，他终于意识到，原来自己也是个很棒的孩子。这部电影我看过很多遍，每看一遍，都会热泪盈眶。这部电影带给我最大的感触就是要做一个懂孩子的心又能真正帮到孩子的老师，真是太难了。

再比如妥瑞氏综合征。我遇到过这样的孩子，当时我新接一个班，第一次去上课。上完课，安排孩子们写作业。突然，听到一声怪响。留心看了一下，是个男孩。第二次、第三次持续发声的时候，我说：“做作业要安静哦，不要发出异样的声音来。”话音刚落，其他孩子异口同声道：“老师，他不是故意的。”原来，这个孩子生过一场大病，病好后，就落下了时不时抽动的后遗症。那一刻，我真是羞愧万分。

电影《叫我第一名》，讲的就是一个妥瑞氏综合征患者，特别渴望成为一个老师。他四处求职，跑了很多学校都惨遭拒绝。校长们觉得，一个时不时怪叫的人，怎么上得好课？直到最后，有位校长录用了他，事实上这位老师不光没有受到嫌弃，还赢得了孩子们的尊重与喜欢。

所以如果你身边也有类似的孩子，比如孤独症、读写障碍、妥瑞氏综合征等，那么从现在开始，要换一种目光来看待他们。

我们银河的老师，每人会锁定一个孩子，进行持续关注。比如会利用博客写跟踪日志，运用科学的方法，关注孩子的转变。当然这些博客日志是不公开的，设置了访问密码，只有孩子父母及任课老师才能看到。

这样的个案诊疗汇编成册，就成了老师们的行动指南。遇到类似情况，就可以参考借鉴，少走弯路。

我想再讲述一个孩子的故事。

那是开学第一天，孩子们上入学课程，听老师讲故事。有个孩子，一会儿捂着眼睛，一会儿趴在桌上，等老师转个身，咦，不见了！他竟然跑到了教室最后面，研究起电扇来。他不停转动开关，看电扇一会儿快、一会儿慢，乐不可支。据说，自闭症孩子喜欢转圈，并对旋转的东西特别感兴趣。下雨天，他就喜欢不断转动伞柄，看到甩出去的雨滴就会莫名的开心。

这孩子是阿斯伯格综合征。阿斯伯格综合征属于自闭症（孤独症）谱系，有如下特征：社会推理能力发育迟缓，社交能力不够成熟；同理心发展不成熟；难以交友；交流沟通困难，难以控制自己的情绪；在语言的某些方面有突出的能力，但缺乏会话技能，讲话的语气和腔调可能活像老学究；对某个题材的东西异乎寻常地强烈专注；在课堂上难以保持注意力；学习能力上与众不同；在自我管理方面需要得到帮助。

班主任与任课老师急坏了，说这样的孩子，没法教。因为每节课，这孩子在座位上的时间少之又少。不光自己听不好，跑来跑去还影响其他同学。与家长沟通，妈妈说："我们也真的尽力了，所有休息时间，都带孩子去做感统训练了。"看到父母如此用心，老师们接受了这个事实：这间教室，要接纳他的存在。唯一可以做的，就是去了解他、帮助他、改变他。

讲到这里，我真的为老师们自豪，他们以莫大的宽容、理解与智慧，使这个孩子渐渐改变了——

一个月以后，他终于不再离开座位，有时会听一会儿老师讲课了；

四个月之后，这个孩子第一次举手发言，他也有了想要参与学习的欲望；

一年之后，他终于学会了独立完成作业；

三年级时，这个孩子终于学会与老师打招呼，与同学一起玩了；

六年级，迎元旦拔河比赛，他也加入队伍，成了重要一员。

最让人感动的是毕业前夕的六一班歌比赛。当时他问老师，他能不能参加，要知道这个孩子一动不动保持三五分钟是非常困难的。老师稍稍犹豫了一下，同意了。

这是他们在小学阶段的最后一次演出。那一天，他们的演出拿到了全场最高分。

比赛结束，这位孩子非常激动，他跑过去告诉老师，为了让自己保持不动，他紧紧地、紧紧地握住了自己的小拳头，一直熬到五分钟，熬到整个比赛结束。当班主任告诉我这个细节时，真的非常感动。是啊，哪个孩子不希望自己做到最好啊。这么一件小事，就足以证明他的优秀！

就这样，这位孩子顺利毕业了。他妈妈说：“我真的不知道，我的孩子将来还能不能遇到这样的老师，我只知道，他的小学六年，足够幸运、幸福！”

说到这里，我必须要提一提他的两任老师：一个，是他一到三年级时的王老师。为了这个孩子，她专门设立了一个课题《让星星的孩子绽放光芒——融合教育环境下对一个随班就读高功能自闭症孩子的个案研究》，以教育科研的方式，边研究，边实践。换言之，孩子的不断进步，很大程度上源于王老师的专业指导。

三年级结束后，班主任与任课老师都换了。接力棒，交到了年轻的俞老师手上。她同样仔细阅读了《阿斯伯格综合征完全指南》，耐心指导、宽容以待，便有了前文提到的拔河与演出的动人故事。

可以说，孩子能如此阳光、健康地毕业，我们的老师真的用心做到了这句话：用专业的爱，培植特殊的生命。

“重新走一走上学路，仔细看一看你的家”，这是我们推送家访微信时，对每一个孩子说的话。唯有如此，我们才能知道你每天是怎么上学的，是步行还是公交？要经过几个红绿灯？唯有如此，我们才能知道你生活的家，是贫穷的还是富有的。你的父母长辈，是温和的还是严厉的。唯有如此，我们才能对你了解得更多一些，对你帮助更大一些。

我们希望通过六年的时间，走遍每一户家庭，了解每一个孩子，把我们对童年生命的关爱，对理想教育的理解，传递到每一户家庭，温暖到每一个孩子。

“教学相长”，说的是老师和学生一起成长。“亲子相长”，说的是父母与孩子也是一起成长的过程。没有谁，天生就会当父亲或母亲，所以仅仅懂得柴米油盐会离孩子的精神世界越来越远。教育孩子的王道，是执着地栽培自己。

我们把这样的理念，不断地传递给每一位家长，并把朱永新教授领衔研发的《中国父母基础阅读书目・导赏手册》推荐给爸爸妈妈们。这本书推介了100本书，30本必读书，70本选读书。《中国父母基础阅读书目・导赏手册》就像一张地图、一个导航，指引我们读到最适合、最需要的关于家庭教育的书。

这一讲，我们聊了在家校合作领域做的探索：一方面是赋能家长，让家长成为学校教育的同盟军与合伙人；另一方面是与家长深度联通，努力实现无缝对接，心意相融。直到有一天，当我们和家长之间达成了一个共识——孩子，是“我们”的！唯其如此，在教育这件事上，就不会存在互相推诿的现象，人人都觉得这是义不容辞的责任了。

第十一讲

多一把尺子，就多一批好学生

上一讲，我们聊了“家校合作共育”，唯有家校社深度合作，教育才会真正形成合力。

这一讲，我们来聊聊“评价”。

之前我们已经提到，“在世界任何一个角落，只要有教室，就会有10%至20%偏移常模的学生的存在”。这里有个小细节，我想重点阐述一下。

因为王老师班里存在一个偏移常模的孩子，我买了《阿斯伯格综合征完全指南》一书。这本书有40多万字，我一口气就读完了。也正是读了这本书，我对这一群体的孩子，有了更多的了解与理解。

当时拿到书，看到这本书的标题，就感觉有个字“错”了。在常人的意识里，这个“征”字，似乎应该是“症”。

那么，到底有没有错？究竟是谁错了呢？

当我们认为是病症的“症”的时候，其实是本能地把它视为了一种病。而“征”，则指的是一种表征，一种现象。所以，我们是不是可以这么理解：做这方面研究的人们，只是把这类表现视为一种现象，而不是病症。

仔细品味这两个字，不知你有没有与我一样有一种豁然开朗的感觉？

之前，我们讲到很多“偏移常模”的孩子，比如自闭、读写障碍、妥瑞氏综合征等，从这个角度说，它们是不是都只是“征”——一种现象，而不是病？

所以，也许，是我们错了。

翻译《阿斯伯格综合征完全指南》的作者，就是两位阿斯伯格综合征孩子的家长。他们因各自孩子的共同遭遇走到了一起。在译后记中他们说道："无论你是为了自己，还是为了孩子，是为了患者，还是为了学生，当你深入了解了那个和我们不同的内心世界时，当你因为了解而理解他们时，当你因为理解而尊重他们时，你就在汇聚那股推动人类进步的伟大力量。"

真是沉甸甸的话语！

纪录片《遥远星球的孩子：自闭症之谜》片尾有一段话，我反复看了好几遍："我们该这么想孤独症者，他们是透过另一个路径在看待这个世界，这个路径或许和我们所熟悉的不同，所以我们也会不习惯，也会害怕，就像他们一样。但有没有一种可能，如果我们将自闭特质也视为人格特质的一项，将孤独症视为我们从中学习身为人类意义的老师，而不是将这些特质视为一定要被改变且应该要治疗的疾病，或许我们也会慢慢习惯，不再害怕。就像我们每个人也都有自己独特的性格，而有些自闭特质不也掺杂在我们的个性积木里吗？放大来看，他们和我们一样，不过是全球68亿个截然不同的人当中的一个。所以这个世界精彩丰富，不是吗？……我们眺望一颗遥远又美丽的星球，看见遥远星球上的孩子正一个一个降落到地球上。也许他们只是需要一个好导游，能理解他们的星球和我们有着不同的文化，以帮助他们认识在地球上的生活规则，或许我们每一个人都可以尝试，做那个导游。"

Autism，意指自闭，是全世界最通用、最普遍的用来称呼这些孩子的字眼。在中国，称之为孤独症或自闭症。这些字眼对这些孩子而言并不公平。他们不是只在乎自我，也不是封闭自我，更不愿意一生孤独。所以，如果我们用"症"来看待、对待那些偏移常模的孩子，这，是不公平的。

"用专业的爱，培植特殊的生命"，这里的"特殊的生命"，常常被我们理解为那些偏移常模的孩子。事实上，每个人都是特殊的，每个人都是独一无二的，如同这世上的叶子，没有两片是完全相同的。

想明白了这一点，再来聊今天的话题“如何评价”，可能会更有意义。

让我们再来重温一下新教育实验的五大核心理念：

> 为了一切的人，为了一切人的发展；
>
> 教给学生一生有用的东西；
>
> 重视精神状态，倡导成功体验；
>
> 强调个性发展，注重特色教育；
>
> 让师生与人类崇高精神对话。

《未来学校》中，朱老师引用了一个传说。讲的是有个恶魔，名叫普洛克路斯忒斯，他家有张铁床。他热情邀请人们到他家里过夜，但是有个条件——只有身体高度和床一样长的人才被允许睡觉，比床长的人要被砍掉腿，比床短的，则被强行拉到和床一样长。

你是不是觉得这个恶魔太过分了，怎么会有这样的人呢！其实，我们每个人，都可能是这个恶魔。

你看，这一间间教室，如同一个个车间，整齐划一。学生个性得不到张扬，潜能得不到发挥。

每一个孩子，从生下来的那一刻起，都是独一无二的个体。哪怕是双胞胎和三胞胎，彼此仍有差异。

当每个孩子进入社会，行业也是各不相同的。以前常说“三百六十行，行行出状元”，其实哪是三百六十行，可能三千六百、三万六千都不止。也就是说，未来社会对人才的需求，也是不一样的。

可悲的是，当那么多长相不同、个性迥异的孩子进入学校，所有的学习、考试却都是一样的。也就是说，只有一把尺子在衡量所有的孩子。这把尺子是什么？是分数，是成绩。“一考定终身”，大概就是教育的现状。

在一把尺子的情况下，只强调效率、强调多少时间内能产出多少产品，跟工厂里的流水线差不多。因为一把尺子只有一个标准，所以总是有人达不到要求和标准。

按朱永新老师的说法，够得上这个标准的，可能不到三分之一。所以你会发现，几乎所有孩子都在“补短”：语文好的，数学得补；语数都好，体育得补……我们似乎要把每个孩子都培养成全才。

因为是“补短”而非“扬长”，所以你看我们的小学、中学、大学，有多少孩子是开心的，是自信的，是幸福的？很少很少。哪怕是在名牌大学，照样有孩子轻生，这多么可悲！

建校至今，我们一直希望我们的办学过程不受这“一把尺子”的束缚。我们常常扪心自问：我们办学究竟为了什么？

第二讲中，我就阐述了我们的学校文化是“让每一颗星星在银河中闪光”。如果一刀切，怎么让每个人都闪光呢？我们就在想，能不能多一把尺子？哪怕有两把了，是不是就会多出一批好学生来？本着这样一个目标，我们在评价领域做了很多改革。

周彩萍老师：一间教室的生命叙事

我校的学生成长评价，经历了三个阶段：建校之初是全科素质报告单，也就是全科评语；2006学年开始，增加了实物档案评价；2007学年至今，推行电子成长档案。

全科素质报告单

在银河，所有学科老师，都会撰写相应的学科评语。

科学缪老师给孩子写的评语是："你总可以挣脱课本的引力，表达自己的奇特想法。在小组内，你需要催化每个组员共同合作，完成一个个实验。希望你串联起自己的智慧，继续在科学的世界里发光、发热。"这里面，有许多科学用语，"引力、催化、串联"等，他甚至还把孩子的名字也嵌入其中，非常有才！

英语老师的评语也很有学科特质。中年级孩子刚接触英语，老师的评价就以中文为主，但加入了英语谚语、格言。到五、六年级时，评语就全是英文了。

当然，班主任操行评语依然是重头戏，这些评语细致而全面。下面是俞老师给一个孩子的评语："你是个'智多星'，眼珠子一转就有奇思妙想。搞卫生时，你总想着用智力减轻体力，常有出人意料之举。班里若有物品损坏，总是自己动手修理，真是棒棒哒。你是个'小戏精'，语文课上台表演，声情并茂、夸张有趣，让大家捧腹；一到朗诵或是项目式汇报，又可以一本正经、娓娓道来。"

陈霞老师的评语也是非常细致，从一点一滴的小事中挖掘孩子的闪光点："教室里来了五六位听课的老师，你走到老师们面前，鞠一个90度的躬，问一声好；再走到下一位老师面前，鞠一个躬，问一声好！你的彬彬有礼，让二楼所有教你的和不教你的老师，都认识了你，你因此也成了小明星。周一升旗仪式上，你被大队辅导员请到主席台上，在全校同学面前表扬你，采访你。""彬彬有礼"已经成为你身上特有的一种气质了。

实物档案评价

第二阶段，就是实物档案评价了。

实物档案是什么？就是孩子们在一学年中，各学科的作业本、小测验、美术与书法作品，甚至还有英语、音乐等内容的录音。此外，班主任还会制作班级档案，包括班集体简介、班级文化、班级荣誉等。所有这些，会装到一个档案袋中，贴上封面。放假时，随全科素质报告单一起，让孩子带回家。

电子成长档案评价

接下来，就进入到第三个阶段——电子成长档案评价了。

电子成长档案长什么样？我们来看沈老师带的毕业班的电子档案。

他们班叫“落花生苑”，所以档案封面就是班级LOGO“落花生”，还有学校吉祥物及班主任姓名、制作日期等。

打开档案，进入目录，可以看到四部分内容：成长回眸、心怀感恩、我这六年、铭记文化。这里有交互链接，点击标题就能进入相应板块。

第一板块是“成长回眸”。这是孩子从一年级到六年级整个小学生活的回顾，有沈老师给孩子写的小诗，有班级文化介绍、班级各种活动等。沈老师利用动画技术，将同一活动的许多照片放在同一个页面上，还有的活动以视频方式插入。

第二板块是“心怀感恩”。沈老师希望孩子们感恩父母，于是集中展示了孩子与父母在一起的照片。接着是感恩母校，包含了校园景观及银河文化。感恩老师，沈老师把六年中教过孩子的所有老师都放入了档案中。感恩同学，记录的是孩子们日常生活中与小伙伴的互动。还要感恩谁呢？沈老师非常有心，将食堂师傅、门卫保安、清洁阿姨甚至校门口的环卫工人，都拍照收入电子成长档案中，让孩子们知道，他们的成长离不开所有人的付出。

第三板块是“我这六年”。这是整本档案的重点，是对每一个孩子成长的评价。开篇页面上，沈老师把全班46个孩子排列出来，做了交互链接。点击姓名就能进入孩子的个人页面，以孩子的口吻来介绍自己在银河的六年，这就是一个过程性评价。个人页面都由学生自己完成，因此在整理过程中，每个人都清楚地看见了自己成长的足迹。

最后一个板块是“铭记文化”。校名、校徽、历任校长、学校历史、校园景观，以及六年中经历的各种课程……

这份电子成长档案的背景音乐是《放心去飞》，这是沈老师对孩子们最深沉的告别与祝福。

看过这份档案，你就会发现学生电子成长档案实际上就是将图片、文字、音乐及影像资料进行综合设计与制作，记录、保存学生成长的每一步。它从作业、活动、成长日志、各类作品等角度，全方位记录学生成长的轨迹，集结了学生一学年来在校生活、学习的全部，使学生的喜怒哀乐都用大量的照片和影像资料得以再现。学生电子成长档案逼真地反映着教育现象，生动地实现了多元评价。

朱永新教授说，如果教室是空间，日子是时间，孩子则是时间与空间经纬交织的中心。电子成长档案就是记录发生在教室里的每一个日子，是生活在教室中的老师与孩子的自我叙事。所有电子成长档案，无论内容怎样架构、板块怎么设计，目标始终指向孩子的生命发展。

那么，如何制作电子成长档案呢？大多数老师用的是魅客电子相册软件，也有老师用ibook电子相册，还有的老师先做好PPT，再转成视频。下面以魅客相册为例，说说制作中的一些技术问题。

打开魅客相册软件，左边一列为工具栏，添加空页、图片、文字、视频，修改桌面背景，甚至视频插入都可以实现。右边栏目是对你添加插入的内容、版面进行设置，包括背景音乐与视频声音的互换，图片、文字的显示特效等，都能实现。此外，点击上面菜单栏中的“编辑”，还可以实现批量导入图片、作品图标替换、音频视频格式转换、模板更换等功能。制作过程中，需要页面预览、保存列表，也可以通过点击上面菜单栏中相应的功能来完成。所以，制作过程其实是非常简单的。

这里也有些小的注意事项：①字体统一，字迹清楚；②背景干净，板块清晰；③减少特效，贴合内容；④比例缩放，制成动画；⑤及时保存，记得备份；⑥生成预览，修改完成。

制作过程中，还会用到其他一些软件，例如图片处理软件、动画制作软件等。为了在一个页面上展示几十张照片，就可以用动画软件先做成一个动画，然后再插入。一些视频处理软件也是需要的，比如视频剪辑、格式转换等。另外档案里经常要用到学生作品、作业，推荐大家使用扫描全能王拍摄。

熟练使用各种软件后，接下来就是资料的准备，这可是重点。

首先，要有身为记者的敏锐。在银河，最常见的是相机，最常说的是相信。日常生活中，老师要用手中的相机或手机及时捕捉学生成长的点点滴滴。

其次，要有身为编剧的才华。初期，就要架构好档案的框架，标题是什么，分哪几个板块，然后在整个学期中，慢慢把内容填进去。我们还要记住电子成长档案是孩子成长过程的评价，所以要注意“叙事性”，或者说故事性。朱永新老师说，没有故事的学校，一定是没有文化的学校，所以电子成长档案的评价也一定要有故事。在这个由班主任、学科教师、学生、父母组成的共同体中，书写独一无二的、属于这间教室的故事。

再次，要有身为编辑的细致。因为资料很多，就需要分门别类。以我自己为例，要把收集的所有照片、视频等资料，用日期加主题作为标题，对照档案的设计框架，把同类资料放入文件夹中。2017学年，光视频、照片就有27G，5500多个文件。此外，平时的活动报道、优秀习作、家长评语、学生自评或互评等文字资料，也需要用心收集。

最后，还要有身为美工的审美。这主要指最后的制作环节。封面一般要有班级LOGO、制作时间等，目录也要精心设计，图文结合，做到清晰明了。

说了这么多，让我们回到“评价”这个词上。电子成长档案是对孩子成长过程的评价，即对学生生命发展的评价。所以，电子成长档案最终还是要落实到评价上。像学生作业、美术作品、习作日记，都是对孩子的过程性评价。

而学生自评、同学互评、父母赠言、老师寄语，则是一个多方评价，或者说多元评价。多元评价还可以表现在不同的评价方式上，如文字评价、星级评价，还有的老师甚至以给每个孩子送一首诗的方式来进行评价。

那么，学生电子档案评价又产生了什么样的效果呢?

有位妈妈和孩子一起看完电子成长档案后，这样给我留言：“观赏成长光盘，远远超过了一次和谐的沟通，更多的是受教育、被感动！可以毫不夸张地说，这是我们新年收到的最有意义、最赏心悦目的一份礼物。谢谢老师，那么真切地记录孩子成长的每一步，那么细致入微地留住孩子快乐的童年！谢谢你们的手臂，一直为孩子伸展！相信我们也会一起努力，更相信每一个孩子都会成功，银河里的每一颗星星都会闪光!”

有人说，要制作一份电子成长档案需要投入大量的精力、时间，成本太高了，但是当我们看到这样的留言就会觉得，所有付出，都是值得的!

电子成长档案的制作，也促进了老师们的变化。

我们慢慢意识到，促进学生个人的最大发展是教育最终的目的。在评价的时候，要注意评价主体、评价方法以及评价角度的多元化。

我们还意识到，每一个孩子都是教室的主人，每一个孩子的潜能，都该得到最大的发展。有位老师做完档案以后说：“我完全忘记了这是一项工作。沉浸其中终于完成的时候，不仅是兴奋的，甚至可以说是幸福的，因为它是我和学生一起成长的见证。”还有位老师说：“当电子档案终于完成的那一刻，感觉就像是自己精心呵护、怀胎十月的孩子终于落地了。”

老师们的这种满足感，印证了朱永新教授说的：新教育，是让老师和孩子过一种幸福完整的教育生活。我们要守住每一个孩子，擦亮每一个日子！

周老师介绍的电子档案，让我们看到了教室里一个个动人的故事。

从全科评语，到实物评价，再到电子档案，每一步，都是进步！每一步，都很不容易。

我清楚地记得，第一份电子成长档案诞生的时候，还是2007年。我们向全校推广，老师们非常抵触、畏惧，有的甚至说：“我年纪大了，能不能让年轻老师先做，明后年，我再做。”学校没有同意。老师们就只好一个个做起来了。这真的是一个巨大的挑战啊，有的足足做了一个多星期，有的做了没有及时保存，不得不从头来过，差点崩溃。休业式后，当家长收到这份电子档案，对老师们赞不绝口的时候，大家真真切切地体会到了从未有过的幸福。这种幸福，就是“我用心付出，我终于得到了认可”的幸福！

我们的很多做法之所以能坚持到今天，是因为从活动伊始我们就尽量做到对每个孩子都一视同仁，对每一个孩子都更好一点。

第三方评价

近几年，我们还引入了第三方评价——请上海思来氏公司对学生学业做出评价。

孩子进行非纸笔测试后，他们拿到的学科评价报告与我们平时的成绩单不太相同，语文、数学知识点的掌握情况都是通过雷达图展示。同时，还有各学科知识点的掌握情况分析，语文分为写字、阅读、表达，数学包括数与运算、图形与几何，每个维度都有“优、良、须努力”这样的等第，还有具体的水平描述。我们可以清晰地看到每个孩子的优势与不足。

这些数据还与上海市的同龄儿童样本进行对比。比如，我们一年级的语文、数学的优秀等第的人数比例都超过了上海的平均数，须努力等第的人数均低于上海的平均数。但是，我们也在这份数据中看到了不足。比如我们一、二年级孩子对语文、数学的学习兴趣指数都略低于上海市样本，学习习惯指数也略低于上海市样本。虽然差距微小，但让我们意识到我们在孩子的学习兴趣和学习习惯方面，还要再努力。

有老师说：“我从一组一组的数据对比和直观的折线图、矩形图中，清晰地了解到自己班、自己学科在整个年级中居于什么样的水平，哪一个教学模块或者知识点需要加强，甚至连某一位同学在某一个知识点方面有所欠缺都能准确地知道。这样的评价，好像给我的教学做了一次磁共振。”

的确，身体有病，磁共振能精准告诉我们；“用数据说话”的精准分析，让我们更好地找到了学生学习的起点。

上海思来氏公司的工作人员还对我校四年级孩子的高阶思维能力进行解

读。它的评估维度以思维为主体（依托灵活命题形式评估学生高阶思维能力，区别于超纲知识考查或传统的机械题海模式），以学科为载体（重点关注高阶思维能力在具体学科中的体现），清晰呈现了综合考虑学生基础知识和高阶思维能力的评价方式。这些雷达图显示了我校学生在高阶思维各维度上发展的优势与劣势。

在强调素养立意的今天，用数据支撑的专项诊断，让我们更好地看到了自己的问题。

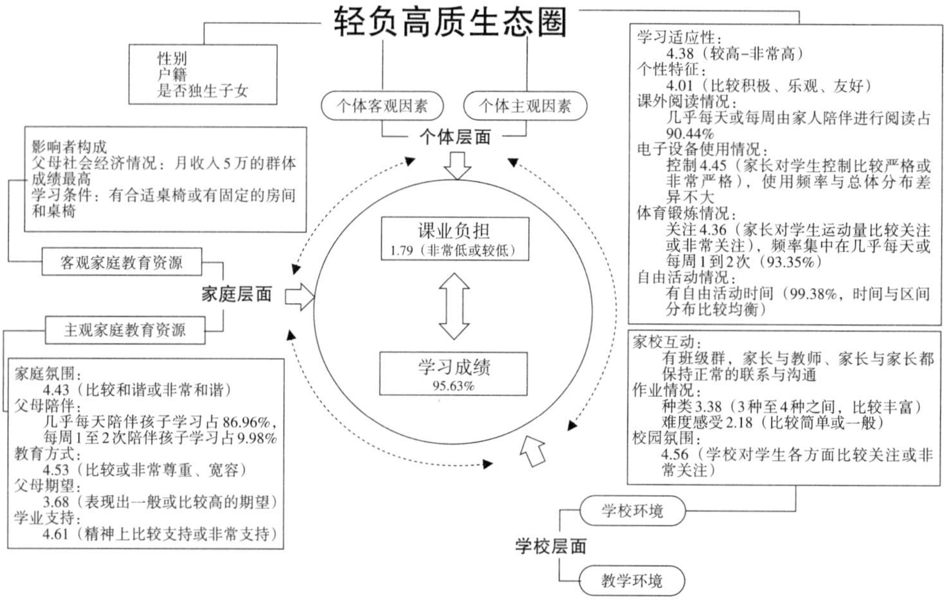

这是二年级学生学业质量检测评估报告中的“轻负高质生态圈”，指的是有些学生学得很轻松，成绩非常好。人人都希望孩子能进这样的生态圈，对吧？这些孩子都有哪些共同点呢？若是破解了其中的奥秘，是不是就找到捷径了？

我们发现，影响因素很多，包括家庭层面、学校层面与个体层面。

你可能注意到了父母月收入5万的群体成绩最高，对吧？也许你会说，年收入得60万，我哪有这么高啊，难怪孩子学不好了。

好在还有其他的影响因素。父母的陪伴比财富与学历更重要。此外，这些孩子几乎每天都在阅读纸质书籍，并且非常重视体育锻炼。

这么想来，是不是松了口气？至少陪伴、阅读、锻炼，这是很多家庭努力一下都能做到的。所以研究这样的数据，可以帮助我们揭开好教育的秘密。

华东师范大学顾泠沅教授说："好的评价，要能遵循证据，循环检验。"基于实证，评价才能更精准。我们的评价，正是在实现这样的一个路径转型：数据分析—诊断教学—实施改进。

大数据会倒逼着我们时不时回望自己的课堂。不是凭感觉上课，而是朝大数据检测出的短板方向去努力。我们的教研活动就遵循"望闻问切"的规律：带着任务的察言观色，有着分工的倾听学情，伴着争论的观点碰撞，留着遗憾的常态课堂。这样的教研，课前有任务分工，课中有数据采集，评前有信息筛选，评时有实例佐证。这么做，更把教学当回事，更把学生当回事，更把研究当回事。也唯有如此，教学才会不断进步，质量才会不断提升。

这么多年的教学实践，我们一直有自己的"价值坚守"或是"评价标准"：不比成绩比成长；不比他人比自己；不比高线比标准；不比眼前比未来。

在银河，最常见的是相机，最常说的是相信。但凡进入银河学校的老师，都会配两样东西：一是笔记本电脑，二是相机（当然，现在手机功能很强，也能随时拍摄了）。每一天，孩子们的学习、运动，一颦一笑，一举一动，都在我们的视野里，都在我们的镜头中。

相信每一个孩子，记录每一个孩子。因为没有记录，就没有真正的研究；没有记录，就没有真正的关爱。

为了能多一把尺子去评价学生，我们还做了许许多多的努力。比如，我们用整整一年的时间共读《给教师的建议》，了解教育教学原理；比如，学习雷夫·艾斯奎斯的道德发展六阶段理论与克拉克的55条班规，精进班级管理能力；比如，从《特别的女生萨哈拉》《窗边的小豆豆》中悟得如何做个好老师。

《特别的女生萨哈拉》中的萨哈拉，是一个躲在教室的一角、生活在自己的世界中的孩子，后来慢慢成长起来，打开了心扉，写出了超级棒的文章。封面上的文字“听孩子的话，懂孩子的心”，指的就是波迪老师！如果没有波迪老师的爱与智慧、忍耐与鼓励，就没有萨哈拉的春天。

《窗边的小豆豆》一书，其实讲的是一个孩子成长的真实经历。小豆豆，这个被视为教不好的孩子，被妈妈送去了小林校长的巴学园。小林校长怎么对待她呢？就蹲在那里，无比耐心地听她一刻不停地说了四个多小时，一点都没觉得不耐烦。这个小豆豆，也就是黑柳彻子，最终成为著名作家、电视节目主持人、联合国儿童基金会的亲善大使。

无论是萨哈拉还是小豆豆，她们的成长，让我们看到了一个好老师、好校长的模样。给学校的道路命名的时候，我们把其中一条命名为萨哈拉路，就是让每一个孩子都记住，你一定能够像萨哈拉那样快乐地成长。

我们的校园虽小，但为孩子们创设的舞台很多。比如，每一个孩子，都可以参加小桥音乐会。午饭后，电声乐队在尽情演出。读书节上，孩子们把自己打扮成了自己最喜欢的经典人物的形象。我们还曾经为一名三年级的小朋友程悦柔安排了一次专场演出。一句话，不管是谁，只要你愿意，就能够登上这个舞台。

我们希望每个孩子都记住“我是唯一的，我是最棒的”。

阿基米德曾说“给我一个支点，我就可以撬动地球”。我们又该如何撬动“银河”呢？这些年，每周家信、全科评语、全员家访、电子档案、个案诊疗、第三方评价……正是这一系列的举措，撬动了整个学校的变革。

教育的本质，就是找到一个人内心想要成为的模样，然后帮助他成长为那个样子。成长，并陪伴他人成长。

我们牢牢记着：评价，不止有分数。扬长教育，让孩子当下就幸福。

第十二讲

面向未来，银河何为

从第一讲到现在，我絮絮叨叨地把我们践行新教育中做得相对成熟的几个项目做了介绍：

第一，打造学校文化。文化是一所学校的灵魂所在，是一所学校凝聚力和活力的源泉。所以，文化就像太阳，照亮学校生长。

第二，营造书香校园。把每一间教室都建成图书馆，让每一位教师都成为领读者，使每一个孩子都过上"晨诵·午读·暮省"的润泽生活。

第三，缔造完美教室。通过文化构建、课程研发、评价跟进、生命叙事……让师生在教室里共读共写，共同生活。

第四，研发卓越课程。我们陆陆续续研发的各种课程，都基于一个朴素的原则：孩子需要什么，我们就创造什么。为了让孩子不畏惧上学，我们研发了入学课程；为了让孩子健康饮食，我们研发了食育课程；希望孩子毕业时自信阳光，我们研发了毕业课程……经由课程，老师们从课程的实施者变成了课程的创造者。只有当老师们真正"站"起来，孩子们才有可能"飞"起来。

第五，家校合作共育。家庭与学校是密不可分的两个重要元素。家长不该是学校教育的旁观者、监督者。我们赋能家长，让他们成为学校教育的同盟军与合伙人。"孩子是我们的"，达成这样的共识，家校之间才会心意相通。

第六，多维立体评价。在此之前我给大家讲了一个恶魔的故事，相信以后再提到"恶魔的床"，你定会会心一笑。我们不能只用分数"这把尺子"去衡量孩子，一定要多一些尺子，这样才会看见更多优秀的孩子。

那么做了那么多项目探索之后，学校又会呈现出什么样的教育生态呢？下面是一封年轻教师写给校长的信。透过她的笔触，也许可以感受一二。

章陈铭老师：我的小幸福与大成长

我是章陈铭，是最年轻的银河人。

在我们银河有这样一个传统：每个学期，每位老师，都要给校长写信。这些信，校长会一封一封仔仔细细地看。我的这些信有个浪漫的名字，叫作《写给银河的情书》。工作3年，我已寄出了6封信。这些信，珍藏着我的银河时光，有小幸福，也有大成长。接下来，请让我与你分享。

小幸福

银河是一所特别特别美的学校。

一年四季，许许多多的花在校园里开放。瞧，这是春天里的迎春和垂丝海棠，还有桃花、李花、杏花、樱花。夏天，银河里的睡莲开了。孩子们认真研究这些睡莲，白天，花瓣张开了；放学，花瓣合上了。银河里还游着一群锦鱼，它们肥肥的，特别喜欢和孩子捉迷藏。秋天的银河，去银杏树下拍张美照，感觉很棒。到了冬天，红梅就开了。白雪映红梅，你说美不美？

瞧，铁树也开了花。再看那凌霄，它一直爬呀爬呀，已经爬上了三楼，把叶子都伸进了窗户，这生命力可真顽强。

我们的银河蓝操场，配上绿油油的草坪，在上面跑跑步，心情都会更愉悦呢！

在这么美的地方工作和生活，真是一种小幸福！银河春天的万物生长，桃李杏樱，夏日的绣球睡莲，蛙叫蝉鸣，甚至雨后的凌霄，都那么诗情画意。

银河的会前点心非常丰富：板栗、玉米、红薯、茶叶蛋、包子、馒头、糯米糕、粽子、麻糍、水果、酸奶……手指头都掰不过来。我们萧山，立夏要吃乌米饭，冬至要吃菜包饺，这些学校都会考虑到，平安夜还给我们送苹果呢。

上学期最后一次教师会，学校给每位老师送了两份大礼：第一份是水墨社团孩子们的画作，每一幅都独一无二。第二份是学校给我们量身定制的校服。拿着这两份礼物，把我们给美的呀别提有多高兴了！

学校里还有各种好玩的活动。

三八女神节，我们插花、做曲奇，温馨而美好。

读书节、图书漂流、献礼祖国七十华诞朗诵等，开心而有意义。

六一儿童节，到处热热闹闹的。那个认真投球的黑衣帅哥是谁？是我们亲爱的叶校长！他正和孩子们一起游园，仿佛也回到了童年时光。还有银河的跳蚤市场。你可以想象一下，整个校园，支起了40多个摊位。孩子们这儿看看那儿瞧瞧，喜欢就买，别提多开心了。一些家长还会扮成小丑，和大家一起玩。放学时，每个人都不想回家。

你一定不知道，咱银河也有“春晚”，这可是人人期待的高大上的活动。我们自编自导自演，十分开心。咦，白娘子、小青、许仙、法海，都来了——原来是在表演《千年等一回》啊，全体行政人员排了一出角色反串。我们亲爱的盛校长化身白娘子，穿着快要被撑破的白纱裙，一扭一扭出来了……啊，大家笑得手机都拿不稳了！更想不到的是，他们还跳了抖音上最火的《海草舞》，原来个个都是深藏不露啊！这样的时光，真是太欢乐了。

大成长

在银河，我遇见了新教育，学会了新本领。

我学会了把教室建成一个微型图书馆。我们班的书柜，里面有许许多多适合孩子们看的图书。还有专门的图书管理员，孩子们可以自由地借书还书。每天中午是我们的共读时间。我和孩子们人手一本，静静阅读。慢慢地，他们就爱上了书里的故事，养成了阅读的好习惯。课间休息，孩子们做完作业时，甚至放学等家人接的时候，都是书不离手。

我学会了做儿童课程。每天早晨，我们用儿歌和童谣开启美好的一天。暮省是孩子们对一天生活的梳理和反思。我们会进行读写绘，孩子们通过画画的方式，把自己的感受表达出来。

我学会了实践课程。食育课程，是我们共煮的一锅石头汤，这也是我第一次参与课程研发。瞧，我把当时备课研课的点滴都记下来了：

2017年暑假开始，到新学期开学止，时间紧急，从一个人的想法到一群人的行动，必须集思广益。课程组的老师们找资料、写方案、做课件，每个人都认真而努力。因为是假期，无法见面，我们就利用食育微信群交流。今天这个老师晒晒他刚淘到的宝贝——食育书籍，明天那个老师晒晒她新学到的知识——新奇作物。大家虽然天天坐在电脑前，腰酸背痛眼睛疼，但是充实而兴奋。就这样，交流讨论、修改升级，一起奋斗了一个暑假，终于在开学之前，每一个板块的教案与课件都完成了。我们的食育课程，就这样诞生了！

我学会了全员家访，还保留了家访时与孩子的合影。瞧，这个小朋友正在开心地跟我展示他的写绘日记。家访，让我对每一个孩子的了解更多了。

我学会了每周一信，并把它细化成了班级日志。9月2日，上学期开学第一天，我把第一篇日志发在班级群，霎时群里就炸开了锅，爸爸妈妈们热闹地讨论着，让我感受到了父母对孩子校园生活的期盼。于是，我就坚持写，他们还一篇一篇存起来，说给孩子留个纪念。

我学会了“以集体的方式站立”。我所在的教研组，有一年遇上了统编新教材，遇上了非纸笔测试，遇上了食育课程研发，全都是从未经历过的难事！怎么办？姐姐妹妹站起来！团结合作，攻坚克难，最后还登上了银河教师论坛。当时，主持人这么形容我们：整个三年级语文团队，拓荒统编教材和食育课程，也是学校非纸笔测试的第一批尝试者，她们用团队合作替代单兵作战，很好地诠释了“以集体的方式站立”。

在银河，我加入了“1+1”成长共同体，有了两位师傅。在朱老师和韩老师的帮助下，我的科研能力和教学水平有了很大的进步。当我拿到沉甸甸的“青年才俊奖”时，真是又激动又开心。

在银河，我还学会了制作微信公众号。你会做微信公众号推文吗？银河的班主任，个个都会。我第一次成功做出推文时，还特地发朋友圈纪念了一下。我还是学校宣传组的一员，参与维护学校公众号。

疫情期间，停课不停学，你有没有手忙脚乱？我们银河的老师，却是不慌不忙。当初我们封闭四天，全员参加“互联网加教育技术应用能力专项培训”的时候，我还在想，这技术啥时候用得上啊？结果，很快就派上用场了。特别佩服具有前瞻性的叶校长，必须要为他点一个大大的赞！

唠唠叨叨的，不知不觉说了这么多。其实银河的故事，怎么都说不完。一句话：在银河，真幸福！

章老师信里面的“小幸福与大成长”，其实就是每一个银河人的日常。

这些年，非常庆幸，我们在章建平、盛政、叶青三任好校长的接续努力下，在萧山区教育局这么多年的关怀呵护下，一直走到了今天。

这些年，我们始终牢记——让每一颗星星在银河中闪光。

让每一颗星星在银河中闪光，指的是让生活在这个校园里的每一个人，都能以最饱满的精神状态，最优雅的成长姿态，在银河校园里同生共进，实现生命的最优发展，闪耀生命的盈润之光。

这些年，我们越来越清晰地知道什么是“闪光”，如何才能“闪光”。我们不断叩问：孩子，是否学业有成、个性灵动？老师，是否自信淡定、尊严体面？学校，是否开放包容、持续生长？

对“闪光”二字的叩问，表达的是对每一个人的无限相信与无限期待——作为校长，有没有无限相信每一位老师？作为老师，有没有无限相信每一个孩子？

而“在银河中”，则让我们不断反思，是否以集体的方式站立？是否荣辱与共，彼此温暖？是否竭尽全力，始终守护着“银河”这个共同的名字？

每当重读银河的学校文化，总觉得使命重大。就如章校长所说，我们全体银河人对这句话的解读，决定了我们对学校文化理解的深度和可预期的办学高度。

杜威曾说，如果我们仍然以昨天的方式教育今天的孩子，无疑就是掠夺了他们的明天。

那么，站在新的历史当口儿，我们的学校，如何才能向着未来继续生长？

今天这最后一讲，我尝试来回答这个问题，聊聊我们的思考与行动。

理念转型

2019年，我们共读了朱永新老师的《未来学校》一书，老师们还选择了触动最多的章节做成PPT进行分享。除了读书，叶校长还把所有老师带到杭州师范大学进行整整四天的封闭培训，内容就是基于互联网的教育。

在这样的阅读、体验与培训中，我们渐渐感受到了朱老师所预测的未来学校的模样：将来，“学”将不再是整齐划一的学，可以混龄学也可以线上线下学。“教”也将不再局限于学校，可以在学而思，可以在好未来，可以在可汗学院……而学校，将来可能就只是学习中心的一部分。家庭，它必将王者归来，为教育买单……这一切，颠覆了我们的认知，也触发了我们的改变。

场景浸润

这些年，叶校长带我们去很多优秀学校参观学习，收获颇多。

比如杭州学军中学文渊校区的学习空间建设。叶校长说，我们要从另一种视角去理解“学校”这两个字：“学”不一定发生在“校”中，而“校”可能只是“学”的方式的一种组成部分。这话是不是似曾相识？没错，就是上面刚刚讲到的：学校，将来可能只是学习中心的一部分。

比如杭州市下沙中学教育集团的智慧校园管理。江志明校长介绍了《智联融合生态视角下的云端学校建设》，对如何建设好我们的“银河大脑”，启发多多。

再比如宁波蓝青小学的智慧德育。听了他们的课程体系及大数据下的德育评价，我们意识到在评价领域，也可以升级迭代。这些年，我们制作电子档案，从素材搜集到期末制作，投入了大量精力，非常辛苦。后续，我们将依托“银河大脑”，不断优化改进，为教师减负。

走出去看，走出去学，才发现他山之石真的可以攻玉。学习空间、云端校园及智慧德育，让我们真真切切感受到互联网时代的教育瞬息万变且就在身边。

项目撬动

2019年，叶校长经常提到的一个词是“深度学习”。不光每周行政例会组织学习，还给每位老师发了《深度学习》这本书。他说，以碎片化知识为对象、以识记为主要手段的浅层学习已经难以满足未来人才培养的需求，以做中学、经验学习、高阶思维培养为特征的深度学习时代已经来临。

朱老师在《未来学校》中就提到项目式学习（PBL）。美国拉里·罗森斯托克博士创办的高技术学校联盟（High Tech High），采用的就是项目式学习，颠覆了我们现有的教学体制。很多人预测，它可能会成为世界上最好的学校之一。

我们就以项目式学习入手，尝试深度学习。什么是项目式学习呢？英文名Project-Based Learning，就是基于项目的学习。

2019年，我们做了“未来城市·停车系统”项目式学习。我们抛给孩子们一个问题：如何解决未来城市发展中的停车难问题？显然，这问题很复杂，不可能一两天就解决，所以他们经历了漫长的探索过程——

9月2日至7日，确定主题。就停车问题举行“观点发布会”。

9月7日至12日，实地考察。利用休息时间，采集数据。测量现有的停车库，或是调查小区还有哪些资源可用。

9月8日至23日，制定方案。

9月24日至10月8日，设计图纸。利用国庆假期，绘制施工图纸。

10月29日，交流评价。每个班的施工图纸都制作成KT板，陈列在校园各处。孩子们向参观的老师和同学们进行项目介绍，获取选票。

10月20日至11月4日，优化项目。根据大家的评议改进方案。

10月27日至11月6日，制作模型。

11月7日，项目答辩。我们在报告厅举行隆重的项目阐述与答辩会。每个班都要呈现模型，进行阐述，并接受专家提问。

11月19日，我们承办了浙江省“未来城市·停车系统”项目式学习观摩会。活动当天，蓝色的跑道上，三至六年级25个班级的停车系统模型一字排开，每个班的项目组成员站在一旁，落落大方地向省教研室的领导、专家以及来自全省的300多位科学老师进行介绍。参观结束后是研讨与论坛。参与活动的有浙江省科学教研员、西湖大学教授，还有萧山区专门负责公共停车系统的负责人，孩子们与这些专家互动交流，没有丝毫的怯意。

这就是一次项目式学习的完整过程：选定项目—制定计划—活动探究—作品制作—成果交流—活动评价。从启动到结束，长达一年，覆盖了三到六年级的所有班级。

活动结束后，新浪浙江、杭州日报、钱江晚报等媒体纷纷报道，其中杭州日报的标题是《25个未来城市停车系统模型，竟然是一群小学生制作的》。

浙江省教研室科学教研员喻伯军说：“非常激动，我看到了一个项目式学习的规范完整的范本。”

萧山区公共停车资源管理办公室副主任徐卫国也非常感慨：“我们与浙江大学在联合研究停车系统，今天看到的很多模型，已经达到了研究生水平。”

我校科学老师徐暑灵说：“在这样的学习中，孩子是真正的主人。我们只是适时地协助，以及不遗余力地鼓励。”教师，成了陪伴者与指导者。

602班郑芝彤的爸爸表示：“这是一种全新的学习方式，让孩子们在不断试错中发展能力，过程比结果更加重要。”

孩子们也是感触良多。他们说整个过程需要用到的知识太多了，第一次觉得“书到用时方恨少”，第一次真正感觉到“我要学”，仿佛有一部发动机装进了身体。他们还深切体会到了团队的强大，以及在一个团队中，会表达、会倾听、会质疑、会求同存异是多么重要。

这次的项目化学习，是学习方式变革的一次重要尝试。

2020年，学校鼓励孩子们进行“变废为宝”的项目化学习。

2021年，进行“星耕园种植”项目化学习。

2022年，进行“迎亚运”项目化学习。

2023年，进行“星耕园灌溉”项目化学习。

2024年，进行“一周在研究”全学科项目化学习。

在这个过程中，我们共读了夏雪梅博士的《项目化学习设计：学习素养视角下的国际与本土实践》《跨学科的项目化学习：“4+1”课程实践手册》，以及国内外相关的著作，不断修正对项目化学习的理解，推动学习方式变革，努力“让学习真正发生”。

2021年，学校被列为浙江省STEAM教育学校实践样态50强；2023年，相关课题在省级立项，并成功举办了全国小学科学课程教育发展论坛；2024年，学校被命名为浙江省中小学科学教育实验学校。

面向未来，银河何为？除了以上实践，我们还有很多思考与行动。

第一，我们正凝心聚力完善学校核心价值系统。使命、愿景、价值观分别是什么？育人目标、战略目标、办学准则如何精准表达？这是对文化——究竟要办一所什么样的学校的反复叩问。我们认为在这件事上花再多的时间都不为过。

第二，完成了学校制度修订。制度经济学奠基人康芒斯认为：制度是限制、解放和扩展个人行为的集体行动。大多数学校，可能重点发挥的是制度“限制”的功能，但是在“解放和扩展个人行为”方面做得比较少。因此我们用一年多的时间，全面修订学校制度，努力在外部性行为类型坐标的第一、四象限下功夫，增补了不少激励性制度，促使团队与个人“向善向好”，让管理真正能最大限度地激发每一个人的善意与潜能。

第三，着力构建卓越课程体系。新教育的课程体系犹如一棵大树，它以生命课程为“主干”，以智识课程（真）、公民课程（善）、艺术课程（美）为“枝干”，以特色课程为补充。这些年，我们初步搭建了银河课程框架，但还需要不断论证、调整、丰富，才能趋于科学合理。如何让每一个儿童因课程而卓越，这是课程体系构建的底层逻辑与终极旨归。

第四，继续尝试学习方式变革。让项目式学习覆盖到每个孩子，倒逼每一位教师的课堂变革。

第五，继续推进家校合作。2020年国际家庭教育日，我们成立了“银河好父母学院”。通过线上线下相结合的方式，全面提升父母的家庭教育指导能力，这是学校责无旁贷的重要任务。

另外作为“2029共创计划”的联盟学校，我们还会向更多的优秀学校学习，努力将银河建设成为未来的一个学习中心。

以上是学校层面的一些思考。作为教师，又该做些什么呢？

首先，为机器人所不能为，让机器人为我所用。

这一点在前面几讲中好几次都提到了。未来虽然教师这个职业被淘汰的可能性不大，但想要不被淘汰，不被机器人替代，那就要抓住机器人的软肋——不可能完全具有人的情感交流和人文关怀，不可能具有真正的人的创造性与独特性，去修炼内功。

其次，从知识的搬运工，变成学习的设计师。

这句话在提醒我们，必须调整自己的角色——成为学生学习的指导者与陪伴者。我们要更加注重与学生的情感沟通，及时发现和帮助解决学生遇到的问题，让学生更有获得感。

“面向未来，银河何为”，这是一道永恒的命题，召唤着每一个银河人认真作答。

“面向未来，我该何为”，也是每一个中国教育人的命题，我相信，它需要我们用余生的每一天去回答。

特别篇

给朱老师的信

一

亲爱的朱老师：

您好！于今晚听完了您12天的分享，享受着这12天给我带来的震撼，《向着明亮那方》的旋律至今还在耳边回荡。

此时，夜已深，孩子刚睡。提灯握笔为您写上一封简短的信。其实也不叫信，就是心中激荡的浪花不能平静，当您为姐姐般聊聊天。

听您的讲座始于兴趣，终于迷恋，留于期待。以前听网上培训或是讲座的过程，都是慵懒的。这次不一样，每晚七点半前总会安顿好孩子，收拾完家，坐在电脑旁边跟着《向着明亮那方》进入课程。每一天的课程都会回放，直播期间我真的没有时间做笔记，好像完全被吸引了，吸引我的不仅仅是您的声音、语言或是课件，还有所有银河的行动。

银河做的每一件事，校园每一处建筑，每一节课，每一个想法，甚至每一株小草，都是为学生考虑的。一切以孩子的发展为中心，只要对孩子有利的事情，银河人都愿意去尝试。学校所研发的每一个卓越课程，都是以过一种幸福完整的教育生活为目的。我爱上了银河的课程，爱上了银河的文化，更爱上了银河的老师。银河的老师以集体的方式站立，让每一个孩子在银河中发光、发亮。

这几天，我一直在寻找银河的特色，但是说实话，我不知道特色何在。

因为银河的每一个角落都是特色，课程是特色，晨诵是特色，阅读是特色，教室图书角是特色，校长礼物是特色，开会点心是特色，家长也是特色，点点滴滴都是特色。所以与其说都是特色，不如说没有特色，没有特色就是最大的特色。

这些天我也在思考新教育，读了很多关于新教育的书籍。新教育的十大行动每一项都在吸引着我，我恨不得马上就可以把每一项都应用，每一项都展开。我真想现在开学看到我的学生，真想现在进行晨诵，现在展开读书，现在联系家长，还想要把我这12天看到的、听到的、学到的都讲给老师们听，大家一起来改变、成长、幸福。

其实我知道，新教育不是一蹴而就的，银河就是很好的例子。我们要耐得住寂寞，守得住初心，走进学生，去思考、去探索、去发现，最主要的是去行动。只要行动，就有希望；只要坚持，就会成功。新教育，是要站在孩子的立场来展开的，站在课堂中去实施的，是要动起来的。

我们学校是一所乡镇完全小学，学生不到两百人，小班授课，非常便于教师“发现”学生。但即使是小班授课，学校的教育教学质量也没有太大提升，教师进行了很多探索，都难以让学校发生实质性的改变。

与您共度了12天，在这个过程中，我对自己进行了剖析，好像感觉自己在打着爱学生的旗号管理他们，要求他们。我认识到以下几个问题：

首先，我很爱我的学生，不管是学习上还是生活上都能给学生帮助。但是，学生很难建立自尊感。苏霍姆林斯基强调，自尊感能够促进教育的良性循环，这种自尊感是在教师的引导下，学生突破自身学习困难所产生的成就感。它还能化作学生的内部动力，促进学习兴趣的产生。我单方面把外部的爱和鼓励给了学生，在短时间内看上去学生有所改变，但是不适合长久地应用。

其次，我没有潜心去研究怎样才能让学生找到适合自己发展的路，什么样的课程能对学生的终身发展起到影响，怎样能看到学生的未来。学校提供的社团活动琳琅满目，但是并没有真正激发起学生个人的喜好。一方面，鼓励学生参加社团活动；另一方面，又害怕各项活动对学习成绩有影响。摇摆于两者之间，还是被传统模式所打败。

最后，是我自己的胆怯。很多理论不敢去尝试，生怕对学生的发展有不好的影响，于是总是畏畏缩缩，没有突破性的改变。自己感觉迷茫，也就不知道要把学生带往何方。

此刻，我认识了新教育，钟情于新教育，它赋予了我对教育教学新的思考。这是光照进来的地方，一群尺码相同的人已经在路上，我没有理由不加入。新教育的种子在我的心里扎了根。我愿意用每一项行动来指导我的工作，也感谢朱老师带领的银河人首先为我们进行了尝试，并且给了我们这么多宝贵的经验。

春暖花已开，人间好时节。此时，我就要出发了，我已经开始写关于自己的课程的各种想法与方案。每写一句，都觉得文字在跳跃，学生在欢笑。新教育就是这样，想想就觉得幸福，生活，也是这样。我相信，我会带着我的学生过一种幸福完整的教育生活。

朱老师，非常感谢您的引领，我跟着您走了12天，今天的分享不是结束，对于我才是一个真正的开始。接下来的每一天我都想跟着您走，在新教育的路上做一株小小的幼苗，我努力生长，您播撒阳光。

如果有机会，我想去银河看看；如果有机会，也想请您来我们学校坐坐。这里，也有一群孩子：聚是一团火，散是满天星！

陕西省榆林市清涧县折家坪镇中心小学：王亚楠

2020年3月5日凌晨1：50

王老师：

谢谢您，这么晚了，还没睡。

读您的信，每一个字都带着温度，带着思考。毫无疑问，您是个好老师。

我始终相信，激励我们过好每一天的，是一种叫作信仰的东西。

为了我们期待的美好，一起加油！

晚安，好梦！

雪晴

2020年3月5日凌晨2：07

亲爱的朱老师：

您完全不能想象我激动的心情！昨天我收到了朱永新老师的签名赠书《我的阅读观》，我成为10名获奖者中的一名，受宠若惊。朱老师的赠语是：做最好的自己。瞬间感觉自己是新教育的宠儿。

我现在真想开学，想把我学到的理论用到我教学的实际中，我相信只要我肯努力，小幼苗就会慢慢地、健康地生长。

读了一些新教育的书籍之后，我慢慢地发现了新教育的奥秘所在：幸福、完整。这两个词是主导。它指引着教师展开教育生活，我们所做的一切都是为了我们的教育生活更加幸福完整。我能不能这样理解这两个词：教师的“幸福”来自自己献出的爱和与学生共同的成长，学生的“幸福”来自被认同、被爱和主动成长。而“完整”，体现在晨诵·午读·暮省下的一天的完整，体现在卓越课程从开始到终结的完整，体现在完美教室从命名到壮大到全员参与的完整，从起步到见证自己成长的点点滴滴的完整。

新教育的“新”不是简单的推陈出新，是深挖、是研究，是在以生为本的前提下做出来的不同于传统教育方式的新模式。在做的过程中，也不应该是摈弃以前所有的观念而重组重塑新的思想，应该是在原有的基础上适时进行改变，这是一个漫长的过程，不能追求一蹴而就，就像我们经常说的：要守得住初心，耐得住寂寞。

加入新网师也已经有很长一段时间了，说实话，我否定过自己，我经常说我不适合学习，我很难像其他老师一样写出“像样”的东西来。我觉得加入新网师本身就很难，每一个方面都好难，而最难的就是坚持。“坚持”两个字说起来轻松容易，可是真要是做起来，我却感到自卑。每天坚持读书，哪怕是一页，都想从读的内容中悟出点什么，但是目的性越强，思维越不听人使唤，于是我便选择放松，最好的方式那就是爬山了。春暖花开，不负好时光。走出去，遇见了苏霍姆林斯基，他时刻提醒着我要怎么做好当下的事情，他教给我思考、读书、评价等，他教给了我这么多的“词语”，那么接下来，我更应该不负所托，奋力前行，将所有新的遇见当成最灿烂的风景：新教育、新网师、新学生、新朋友、新思想，带着所有的“新”上路。

做最好的事情，做最好的自己。

陕西省榆林市清涧县折家坪镇中心小学：王亚楠

2020年3月25日

二

亲爱的朱老师：

您好！

您辛苦了！非常感谢您！与您共度了12个美好而又一生难忘的夜晚。每天听您甜美的声音和优美的歌曲真是一种享受，是一种美的享受，是一种幸福的享受，好像净化了我的心灵，洗涤了我的灵魂。

每晚听课后我心潮澎湃，思绪万千，斗志昂扬，眼前浮现了一种完全崭新的教育，心中涌出一种力量，一种说不出的感觉：我也要做像您这样的老师，像您那样教书育人，像您那样上课，像您那样真切地关爱学生，像您那样教会学生一生有用的东西，像您那样把教育融入您的身体，融入您的灵魂，把学校、教师和孩子视如自己的生命，一起成长。

我已从教34年，还有两年多就该退休了。原以为在工作上认认真真、兢兢业业，挤时间、抢时间把学生的成绩提高就可以了。通过这几天的学习，感触颇多。审视我以前的教学方法，我很惭愧，如您所讲：像一个恶魔一样，用一把尺子评价学生，使学生的个性和潜能没有得到张扬与挖掘，阻碍了孩子的个性发展，教师和学生都未感受到学习的幸福。我看见了距离，而且，距离很大。我好佩服和敬仰你们坚持不懈的精神、顽强好学的毅力。唉，要学习的东西太多了，我无法追上你们的步伐，我真正感到了压力和迷茫。

新教育改变您，您带领你们的老师改变了银河，您和银河的老师又改变着银河的孩子们，使他们在银河的每一个角落都能闪光。你们为孩子们一生的发展考虑，为孩子的一生奠定了基础。你们的团队确实是喜马拉雅山脉，银河的孩子们遇到了你们这样的老师真是幸运、真是幸福呀！

朱老师，您这12讲我一讲都没有落下。每天6点到7点吃完饭，家里人都会提醒我："不用收拾碗筷了，你专心去听课吧！"每天晚上7：20，我就迫不及待地回到房间，关好门，坐在床上（我习惯一个人在床上学习），准备好笔记本和笔，将一切准备就绪，静静地期待您的课堂开讲。我这种精神家里人还表扬我，他们把我当作榜样，对我读六年级的侄孙女说："你好好向你小姨婆学习一下，年龄这么大了，学习还这么认真！"

我一边听，一边做笔记，还忙于截屏，每一讲截屏有七八十张图片，听完后看截屏再做笔记，每天都要记三至四页，写得满满的、密密的。好想把您说的每句话都记下，认真地读读，细细地品味。可是我动作慢，记性又不好，搞得手忙脚乱的，每晚要10点多才梳理完，好多话都没有记全。第二天，又将截屏的图片再传到我的QQ空间，永久保存。

朱老师，我简单介绍一下我的学校吧。我的学校坐落在四川省广安市城郊的小平故居处，是一所有幼儿园、小学、初中的九年一贯制学校，叫作广安协兴金广小学校。朱老师，您对小平故居不陌生吧？兴许朱老师还来瞻仰过我们的一代伟人吧？我的学校在前任校长的努力下，乘着均衡发展的东风，发展很快，学校发生了翻天覆地的变化，硬件设施与设备也基本上配齐和完善了。校园里有绿绿的真草坪，环境优美而舒适。校园周围是通向小平故居的绿色长廊。在这所花园式的学校里工作非常愉快，老师们对工作都很敬业、很认真，但孩子们都来自农村，留守儿童居多，家长文化程度不高，家庭教育跟不上，教育效果不是很理想。我们学校推行"阅读和孝行"文化，一直在强调阅读，近两年学生的行为习惯有很大改变。我们也在探索和尝试"晨诵·午读·暮省"。听了银河的"晨诵·午读·暮省"，你们指明了方向，我们看见了希望。2019年11月份，我们学校也加入了新教育实验，学校为每位教师购买了朱永新老师的《新教育实验》一书。放假时，学校要求老师在寒假期间熟读此书，每章必须写读书感想、读书随笔等，共12章，写12篇，开学时学校要检查，并要进行阅读分享。

朱老师，您的每一讲都很精彩、生动、具体。要说感动的事，你们做的每一件事都感动我，银河老师毫不吝啬、倾囊相授，分享你们的成果，让我敬佩。

要学习的地方太多了，银河学校的团队，每一个老师都是有故事的人，故事的背后是付出的艰辛、努力、汗水、泪水；银河的文化：“让每一颗星星在银河中闪光”；银河的完美教室：把每一间教室都建成图书馆，成了孩子们学习知识的乐园；银河的卓越课程：入学课程、毕业课程、食育课程等，都让我开了眼界，长了知识，让我惊讶；银河每学期的电子档案：记录孩子们成长的每一个瞬间，感动了家长；银河的家校合作教育：让家长参与学校教育和管理，家校更和谐；银河的教师专业发展：每个老师都是有特色、有自己品牌的老师。

你们真正做到了“守住每一个孩子，擦亮每一个日子”，对每个孩子做到了“用专业的爱，培植每一个特殊的生命”。你们是新教育的开拓者，是我们的引路人。

朱老师，我啰哩啰唆写了这么多，耽误您宝贵的时间。这三十多年我一直从事初中理科教学，平时看的书也少，不会写文章，也写得慢，但我很想把我的感想写出来，有词不达意和不恰当的地方，请朱老师多多包涵和指教！

再次感谢朱老师和银河所有老师的辛勤付出！祝你们身体健康，家庭幸福，工作愉快，再创辉煌！

四川省广安协兴金广小学校：付录凤

2020年3月6日

亲爱的付老师：

收到来信，仔细捧读，十分感动！

谢谢您，如此用心！我想您大概觉得新教育真的是一种温暖而明亮的好教育，所以才会动容，才会反思，才会有崭新的思考与期待。

其实我也是。我接触新教育时也快40岁了，所有的改变，都是从那时候开始的。我不再觉得应试是最重要的，而是觉得孩子阳光健康成长是最重要的。不仅孩子要成长，自己更要成长，更要每天进步一点点，而不是一个经验用上一辈子。

所以，一起加油！两年，还可以做很多有意义的事哦！

雪晴

2020年3月6日

亲爱的朱老师：

您好！我按捺不住自己激动和喜悦的心情再次给您写信，与您分享我的幸福，我的三大惊喜。

第一大惊喜是，昨天早晨打开手机，看见邮箱有封信，没想到是您给我回了信，还鼓励我两年也能做很多有意义的事。我看见您的回信好感动，当时就想再给您写信，谢谢您的鼓励。我记得广安市人大康主任到金广小学调研时说“一个孩子是一个家庭的希望”，这句话我一直铭记在心。其实我一直在想，也一直在做：只要能为孩子们做点什么，能影响他们的言行，能引领他们积极向上，能激发他们对生活的热情，能教会孩子一生有用的东西……我不怕困难和艰辛，我这几十年都在努力。

第二大惊喜是，没想到今晚读书分享会时，您当着这么多人的面分享了我的信，我无法用言语表达我当时的心情。昨晚您说：“我已收到150封信，昨晚一一读过，特别感动的是四川省广安市有一位临近退休的初中理科老师的信……”您读了几句，我听着听着，一下子呆住了，好像是我写的！我好激动、好高兴，拿起手机忍不住从房间跑到客厅里，告诉我的侄孙女及全家人：“你们听，你们听……”侄孙女说：“是小姨婆写的！”因为昨天我写时她看过。他们笑着说：“你中奖了！”还调侃我说：“恐怕没有人写，只有你这一封吧！”我说：“才不是，朱老师说有150封信！”当时真的太高兴了，好像回到了当学生时的情景，自己的作文被老师当着全班同学的面念了一遍，好自豪、好光荣呀！我知道我是一个理科生，不会写，不会用华丽的辞藻，只是想把我真实的感受和想法写出来。您是为了鼓励我，给我以希望——不要因为年龄大了，就放弃学习，放弃进步。无论什么时候出发，都不算晚，只要行动，就有收获。再次感谢您，给了我力量，给了我再次给您写信的勇气！同样的道理，对学生来说，鼓励是多么重要：一句赞扬会激发一个孩子，一句不恰当的话会毁掉一个孩子。这也让我反思，以后我会更努力地发现每个孩子身上的闪光点，多鼓励、多表扬、多称赞。

第三大惊喜是，每次听完讲座后，我都要把截屏继续翻一翻、看一看。今天突然发现我还上了朱永新老师的“今日头条”。哇，我好幸运、好激动、好幸福呀！

昨晚，我再也按捺不住激动的心情开始写信，我要把我的幸福与您分享。再次谢谢您的鼓励！朱老师，我会追随新教育，继续“向着明亮那方”。

最后，祝朱老师及所有女同胞们：节日快乐！天天开心，永远年轻漂亮！

四川省广安协兴金广小学校：付录凤

2020年3月8日

三

亲爱的朱老师：

您好！

我是山东省临沂市莒南县石莲子镇新庄小学的一名女教师。写这封信，最初是为了2月29日晚那颗幕后“彩蛋”，说白了，就是为了“抢夺”朱永新老师有限的签名书奖励。但是，这种打了鸡血的劲头在睡醒一觉之后就消失了。我要读书，买来读就好了，为什么非要去读有作者签名的那一本？这种类似于追星时顶礼膜拜的热情，早离已为人母的我远去了。我仅仅是头脑热了3分钟，便凉了下来。

然而3月4日晚，雪晴老师直播结束后，我被雪晴老师的言行极大地感动着，许久许久，不能平静。我更愿意从心底里称朱老师为雪晴老师，我喜欢“雪晴”这个名字。看完您个人经历的视频之后，我似乎更加懂得了“雪晴”两个字的深切含义。在我心里，没有任何一种温暖，能够和狂风大雪之后初晴的温暖相比；没有任何一个黑暗的角落，能够舍得不拥入那雪停初晴后苍茫而又洁白的大地的怀里。因为，雪晴之后的天空看起来是那样广阔，闻起来是那样圣洁，抱起来又是那样温暖。谁又曾想，这广阔、这圣洁、这温暖，曾在前一个暗夜默默经历了狂风暴雪的洗礼！或许，只有和死神擦肩而过的人才会真真切切懂得如何去珍惜有限的余生，去做好未竟的事业。

雪晴老师希望自己是蒲公英。我从去年开始在公婆的引导下了解蒲公英的药性，喝公婆自己晒制的蒲公英茶（这是消炎利咽的良药）。看到菜园里婆婆留存的蒲公英秧苗，想起小时候同父母下地，在田间地头观赏到蒲公英撒播种子的“盛大场景”，我自然能明白其中的缘由。我还隐约记得，我摘下一朵饱含着种子的蒲公英绒球，吸足了气，鼓着腮帮子，使劲儿把它吹向天空。那一朵朵绒毛像极了一把把小伞，随风飘舞，轻盈洒脱……

如果说听雪晴老师讲述“新教育在银河”是心灵得到感动和启发的话，那么3月1日那一整天12个小时不间断的“未来学校论坛”的直播，给我带来的则是大脑和心灵的极大震撼和冲击。

我是一名土生土长的农村女教师，幸亏小时候比同龄人稍稍懂事，对学习充满热爱，所以感动了原本有着“重男轻女”思想的爸爸，亏着本、咬着牙，把我这盆“迟早要泼出去的水”送到大学里读书。为了落叶归根的归属感，我如愿以偿回到家乡，在离娘家不足两公里的村子任教。起初，我为能守在家门口教书而感到无比安宁。然而没多久，我认识到学校面临的种种困境，很快被无尽的迷茫和无力感填满。我发现以我个人之力，根本没办法改变现状，更没办法以说教等手段引导孩子像我小时候那般对学习充满热爱。我们手里死死握住的代代相传的教育方式早已不适合这帮新时代的“小怪兽”。时代早已改变，大多数家长依旧奔波于自己的生计，无暇有效陪伴孩子，但不会再有人拿“上学无用”甚至“女子无才便是德”来为经济上捉襟见肘的窘状寻找托词了。

我很幸运，能够在新教育的第20年遇到新教育，但也很讽刺，新教育20年了，我才遇到新教育！20年，会有多少人从呱呱坠地到走入社会，又有多少人从一头青丝变成满头白发！生命有几个20年？学校生活有几个20年？新教育来得晚，我遇到得更晚，瞬间有一种时不我待的紧迫感！

3月1日的“未来学校论坛”直播，在看到那么多优秀学校的教育课程案例汇报之后，我突然生出一种即便我们的农村小学脱了鞋跑也追不上城里优秀学校的感觉。学城里的学校，将图书馆搬入农村学校的教室还指日可待，但学城里的学校将博物馆搬入农村学校，似乎遥不可及！农村学校的班级图书馆才刚刚形式化地建立起来，城市学校高大上的博物馆课程已落地实施，这是多么大的差距！我为自己身为教师却如井底之蛙般短见而羞愧，更为村里孩子们的前途而担忧。我将自己的担忧说给老公听，他说我是在以上帝视角庸人自扰。我知道即便老公在杭州打工，也不能改变自己孩子的教育现状。如今摆在眼前的是，那些优秀学校的“当下教育”便是我们要追寻的“未来教育”。然而正在农村学校全力以赴追赶城市学校的同时，那些优秀学校正以高出农村学校好几倍的速度追寻更高远的“未来教育”。我不禁感慨，何时农村教育才能和城市教育平等地站在同一个“未来教育”的终点？

和别人赛跑时，我们没有权利要求跑得快的人停下来等等跑得慢的人。同样的，城市教育和乡村教育，或许永远不会处在一个起跑线。但是只要农村教育一直追赶，缩小城乡差距，办成自己的特色教育，未尝不好！或许我们身在农村的教育人追逐一生也不能帮助农村小学以珠穆朗玛峰的高度站立，但我们可以选择站成泰山、黄山、嵩山、华山、峨眉山或是沂蒙山呀！只要有手可摘星的愿景，漫天星辰怎会辜负？只要孩子们的教育生活是幸福的，我们也不算是误人子弟了吧？这么一想，我也就释然了。感谢朱永新老师的理论指导和精神引领，感谢雪晴老师手把手地培训，感谢邱校长的教育情怀……

文字并不能完全表达新教育带给自己的心灵撞击，期待有一天可以去杭州拜访雪晴老师，奉上一杯蒲公英茶，感谢雪晴老师12个夜晚的陪伴。

仓促之间，絮絮叨叨，不知所云，还望批评指正！

山东省莒南县石莲子镇新庄小学：李金艳

2020年3月5日

亲爱的李老师：

您好！来信收悉。

如您所说，其实我们永远改变不了环境——所谓的农村与城市，哪怕是农村与农村、城市与城市，其实也都不一样。

所以从这个角度来说，面向未来，其实就是让今天比昨天更好一些，让明天比今天更好一些。

如果是这样，那么我们可以选择改变我们自己。哪怕改变一间教室，改变一个孩子，让自己变得比昨天更有信心，也是进步，也值得欢欣。

谢谢你带着温度带着春的气息的文字。相信春天，春天就一定会来。您说呢？打开窗子，拥抱它吧！

雪晴

2020年3月6日

四

亲爱的朱老师：

您好！在您甜美又充满亲和力的嗓音中我听完了您“新教育在银河”的12讲内容，真的特别震撼！原来教育可以如此美好，我多想我的孩子能在银河上学呀！

八月初，校长给我发了个链接，她说：“小周，你抽空好好听听朱老师关于新教育的系列讲座，我们学校决定继续跟随名校的脚步，走一条属于我们的教育之路。”当时看到这条信息我暗暗叫苦：“放假了，校长怎么也不放过我！”因为当时我正一个人带着两个孩子，一日三餐，一朝一夕，艰难地度日啊！大宝7岁，正是调皮捣蛋的年纪；小宝2岁，需要时刻陪伴照顾。每天吃喝拉撒睡已经折腾得我精疲力尽了，一看每节课都在一个半小时左右，真是头大。

利用晚上俩宝睡着的时间，我打开了CCtalk，从第三讲《营造书香校园：把每一间教室都建成图书馆》开始了我的学习之路。当我跟随您的脚步走进银河小学的教室时，我被深深地吸引了！这是一间怎样的教室呢？图书架上的书分类齐全，种类繁多，管理规范，老师们展现集体的智慧，家长们积极选购书籍充实班级书柜。最让我惊讶的是三年级的孩子，一学期下来，全班共读8本书，自由阅读850本书，人均阅读21本书，这个数量是惊人的！我们都知道海量阅读对孩子成长的重要作用，我们学校也一直倡导大量阅读，每学期都会下发各年级推荐书目，分必读和选读，大多数班级大部分孩子只完成了选读的三四本书，至于推荐以外的书籍读得并不多。我们学校每个班也有书柜，书籍来源都是学生自己从家里带来的，书目比较单一，有些书是学生的哥哥姐姐看的，并不一定适合他们。课间休息的时候，他们喜欢在书架上翻阅自己喜欢的书，翻来覆去也就那几本。听了您的课，我知道了儿童阅读的首要之处是兴趣，只有这样，才能使他们爱上图书，爱上读书。我们用阅读记录卡，要求学生“不动笔墨不读书”，对每天阅读的书籍进行摘抄。正如您在讲座里说的那样，这样的摘抄极大地破坏了孩子们阅读的兴趣。当我们读到精彩有趣的书，只想一口气读完，如果拿起笔摘抄好词好句，必然会打乱当时的阅读心境。你们是怎么做的呢？我看到你们的阅读清单“书，是甜的”这个表格，只有书名、字数、推荐指数这三块内容，特别是字数的设定，当孩子读完《鼹鼠的月亮河》，在表格上写上9万字时他该多么自豪啊！越自豪越有信心，越有信心越有兴趣，就这样建立起了阅读的兴趣，养成了爱读书的习惯！这个是我们必须要学习的！

“把最好的书籍，给最美丽的童年，把最好的时间，给最重要的阅读！”多么美好的宣言！当我走进银河的《儿童课程：晨诵·午读·暮省》，那一首首活泼可爱、温暖有趣的童诗像我们的孩子一样充满童真童趣。晨诵，与黎明共舞！你们的晨诵真的如舞蹈般优美、音乐般动听。每天的晨诵在“时光的日历又掀开新的一页，亲爱的孩子们啊，用你们最动听的声音开启新的一天吧”彼此互道早安中给足了孩子们满满的仪式感，在不用背、不用写、想怎么读就怎么读的欢快、自由中给足了孩子们满满的安全感。无论是《向着明亮那方》，还是《春天的早晨》，无论是《拥挤的浴缸》，还是《爱读书的树叶》，每一首都是那么有趣、可爱，文字就这样流进了孩子的心里。

最让我感动的是一年级的入学课程和二年级的食育课程。银河小学像妈妈一样，关爱着每一个小朋友。爱思考又富有同理心的朱老师为一个害怕上学的孩子研发了入学课程，让我深深懂得：教育无处不在，缺的是一颗将心比心、以心换心的同理心。对于第一次走进小学校园、小学课堂的那个小小孩来说，这一切充满未知与挑战：老师好不好？课堂到底和幼儿园哪里不一样呢？老师会提醒我喝水、上厕所吗？有的家长还爱说：要听话哦，不然老师就不喜欢你了。对于胆小、内向的孩子来说可能就会感到恐惧吧！但是银河的孩子没有这方面的担忧，因为开学第一周，他们不上课，做什么呢？孩子们在闯关游戏中开启绘本课、参观校园课、画画课、整理课、看电影课等课程，通过“七卡闯关”，消除恐惧，建立秩序。在老师的关爱引导下一年级的小豆包们爱上了学校，学会了遵守规则，为后续的学习开了好头。银河小学是多么智慧啊，银河的孩子们多么幸福啊！我们学校很多老师不敢带一年级，主要是怕管不住！我们一个班里60多个孩子，开学第一周老师们的嗓子几乎都处于沙哑的状态，基本周五下班都是累瘫的状态。所以，我们迫切想学到朱老师开发的这个入学课程，如果开学第一周这样上课，那将让600多名孩子、20多位老师受益，所以想问一下朱老师，能不能分享一下入学课程的相关资料，真的特别特别感谢您！

《食育课程：吃好，才能学好》让我明白原来吃也可以做成课程，真是生活处处皆学问。民以食为天，一个人只有身体强健，其他一切才有可能。当孩子懂得了食物的营养搭配，他就会自觉避开垃圾食品，才能吃得更有营养，长得更加健康；当孩子学会了煮饭、煮鸡蛋、做酸菜鱼、做红烧肉等各种美食时，我们的父母还会担心孩子吃不饱、吃不好、照顾不好自己吗？当孩子学会为家人做早餐、准备爱心美食，我们还会担心现在的孩子不懂感恩，没有担当吗？教育，为孩子的一生幸福奠基！教给孩子一生有用的东西，银河人做到了！我们学校平时也会开展一些实践活动，我们开展了“美食小达人”活动，引导孩子在家人的指导下学会做一道美食，用画、写、拍照等方式记录过程，参加班级才艺大比拼。我们也是希望培养孩子的动手能力、生活自理能力，增进亲子关系，只是和银河的系列课程相比，我们只做了皮毛。接下来我们也有这方面的想法，开展系列课程。毕竟，一个会做饭、懂生活的孩子更有竞争力，不是吗？到时候，盼望得到朱老师的指导，再次谢谢您！

在《教师的专业发展：再微小的个体，也可有自己的品牌》这节课里，我找到了自己日常焦虑、疲惫的原因。我一直以为，只要我努力工作，关爱每个孩子，认真批改每一份作业，提高孩子的学习成绩，就离好老师不远了。但是，我越来越累，也越来越吃力，职业幸福指数直线下降，有时候甚至不想当老师了，因为有些孩子的成绩怎么都提高不了，班级的总分上升不了，那种深深的挫败感消磨着我的职业热情。当我陆续听到唐莹老师、陈溢华老师、周彩萍老师、孙娜老师的教育故事，我懂了，这些年我只是为了教书而教书。我的孩子一届又一届，我重复着一年又一年的方法，我忘记了成长！我忘记了怎么提升自己！周彩萍老师说：“你不尝试着做些能力之外的事，就永远无法成长。”是啊，能力之外的事，也许就是成长的另外一条路。所以在接下来的工作学习中，我要勇敢地接受挑战，逼自己成长。就像您说的那样：去改变我们能改变的，哪怕只是一间教室，甚至一个孩子，也是伟大的，了不起的。选中一件事，一件自己感兴趣、有能力做的事，用心去做，尽可能做到极致。

亲爱的朱老师，您看我唠叨了半天，恐怕又要耽误您很多宝贵的时间了。平时也没有养成写工作日记的习惯，被生活的琐事占据了太多思考的时间，所以写一篇像样的文章都非常费劲。今天忍不住给您写这样一封不算书信的书信，我就像一个等待老师批阅作文的小学生，惴惴不安又满怀期待！朱永新老师的新教育实验从2000年就开始了，而我却在20年后才开始慢慢了解它，真的是非常遗憾！如果我在2009年上班的时候就能接触到新教育，学习它的理念，学习新教育实验校的宝贵经验，如果我能早一点认识您，早一点知道银河小学，那该有多好！但我也知道，只要选对了路，任何时候都不晚！一切美好的事物，都会曲折地接近目标。“守住每一个孩子，擦亮每一个日子”，我愿意从现在开始，埋下种子，以日以年，守望岁月，静待花开。

祝亲爱的女神：美丽依旧，魅力永久！

一位来自河南唐人故里闽台祖地的小学语文老师：周丰霞

2021年8月11日

亲爱的周老师：

真是抱歉，我刚刚才收到您给我的信，一看日期，距离您给我发邮件已经过去了差不多三个月！平时很少用邮箱，所以都没有打开查看，实在是太不好意思了！想到您如此用心地抽出宝贵时间跟我诉说，一定是急切等待回复，结果从夏等到秋，等到花儿也谢了，一定是失望极了，真是对不起啊！

感谢您的认同——无论对我还是我身边的同事，以及背后的学校，这都是极大的鼓舞。刚刚把信转给了几位您信里边提到的同事。我想，倍感无力与困惑的我们，每天身心俱疲尚未找到明亮出路的我们，奋力前行固执地希望成为好老师的我们，彼此之间，真的需要鼓励，需要慰藉，需要重新点燃最初的梦想与激情。

向您致敬！身为两个宝贝的母亲，显然尽心尽责；身为60多名学生的老师，始终全力以赴。要兼顾生活与工作，要平衡家庭与学校，有那么多的不容易，您却做得这么好，非常了不起！我想，您努力工作奋力成长的样子，就是您孩子最好的榜样。您不断领悟教育的真谛，习得教育的艺术，最终受益的，一定不仅仅是您的学生，更多的也会是您自己的孩子。

谢谢您！让我们一起加油！做一个好妈妈，做一个好老师。

这世界有那么多人，多幸运，我认识了如此优秀的你。

祝愿秋日安好！

雪晴

2021年11月2日

主题分享

让每一颗星星在银河中闪光

你，就是夏洛

——以《夏洛的网》为例浅谈师生共读

当蜘蛛夏洛在网上写下“王牌猪、了不起、光彩照人、谦卑”，小猪威尔伯被做成熏肉的命运随之改变。它对威尔伯说：“一只蜘蛛，一生只忙着捕捉和吃苍蝇是毫无意义的，通过帮助你，也许可以提升一点儿我生命的价值。谁都知道，人活着该做一点儿有意义的事。”

亲爱的老师，你，是谁的“夏洛”？做点儿什么，可以提升生命的价值呢？

答案很简单：我们，是每一个学生的“夏洛”。引领他们爱上阅读，便是最有意义的事。

一

为什么要阅读？

只有搞清楚这个问题并深刻体认，才能拥有带领孩子持续阅读的坚定动力。

我自己便有过漫长的认同过程——只知阅读重要，不知为何重要，直到读到苏霍姆林斯基的“自动化阅读能力”。

自动化阅读能力，就是“在阅读中，注意力不用停留在任何字词上，你的眼睛扫过去，能够快速地从一行文字中汲取意义形成画面”。自动化阅读能力，是小学阶段最重要的能力。它的形成，有赖于海量阅读。海量阅读的关键期是小学三、四年级。可以说，自动化阅读能力能否形成，决定了孩子一生的学习水平。

说到阅读，常常有孩子说“因为作业做不完，所以没有好好读书”，其实应该反过来说“因为没有好好读书，所以作业做不完”。很多孩子做数学题、科学题读不懂题目，就是因为自动化阅读能力没有形成。正如苏霍姆林斯基所说，让学生变聪明的方法，不是补课，不是增加作业量，而是阅读、阅读、再阅读。

所以，阅读的首要作用就是发展智力。

其次，故事，是儿童理解世界最重要的方式。阅读，常常会让孩子产生“自居作用”。他们会从童书中找到榜样，汲取力量。从这个角度说，阅读还能丰富儿童的精神生活，帮助儿童树立道德尺度。

明白了阅读之于儿童的巨大意义：发展智力，滋养生命，我们就不会狭隘地将阅读归为语文学科，归为语文老师的责任了。

二

那么，如何指导孩子读书？

我个人觉得没有固定的模式。如果有，那便是带着孩子慢慢沉浸的过程。

对一个孩子来说，首先是被吸引，所以导读很重要。其次是抽丝剥茧，帮助理清思路。最后是聚焦细节，反复品读，让经典与当下的生命编织、交融，最终能让经典印刻生命，让生命应和经典。

比如《夏洛的网》，便可以采取“导读—推进—主题探讨”的方式，慢慢推进。

导读课：激发兴趣

拿到一本书，我们要引导孩子以最快的速度，对书有个大概的了解。可以从封面、封二、封三、封底、作者译者、主要内容、媒体评价中，提取重要信息，确立对书的第一印象。

比方说，《夏洛的网》封二概述了夏洛织网救小猪的主要内容，封底显示这本书位列美国最伟大的十部儿童文学作品之首，以及国内外媒体的好评。

比方说，我们可以补充介绍译者任溶溶，告诉孩子，这是我国著名的儿童文学翻译家，一生为孩子翻译了《安徒生童话》等许多优秀童书，翻译此书时已是80岁高龄。

在此基础上，通过试读第一章弗恩从父亲手上救下小猪，并配以电影《夏洛的网》开头，就会很好地激发学生的阅读兴趣——这只小猪最后的命运究竟会是怎样的呢，然后迫不及待地看下去。

推进课：梳理内容

在导读课的吸引下，孩子开始阅读，这期间的“推波助澜”十分重要。

首先，得帮助孩子克服障碍。比方说，复杂的人名对初读译作的孩子来说是个挑战，所以老师可以借助“人物表”，帮助孩子弄清楚人物关系：弗恩一家、弗恩舅舅一家与谷仓里的动物，并确认本书主人公是小猪威尔伯与蜘蛛夏洛。

其次，是指导孩子概括主要内容，能说清本书主要写的是蜘蛛织网救小猪的故事。

最后，是指导孩子们通过思维导图等方式，绘制情节发展图：夏洛织了几次网？每次都写了什么？为什么能救下威尔伯？

主题探讨：勾连生命

通读全书，了解故事，这是阅读的“初感受”，但光这样是不够的。阅读最要紧的是让故事与儿童的生命相互映照，所以这是教师领读的重点——让童书与孩子当下的生命建立联系。

这就是主题探讨。

首先，我们可以提问：这是一个关于什么的故事？孩子们会有很多答案，有的认为是“友谊”，有的会说是“生命”，或是其他。需要注意的是，这不像数学，没有标准答案。我们要做的是追问“为什么”，鼓励孩子说出自己的独特感悟。

接下来，教师可以提取重要语段，引导孩子进行品读和讨论。

第一个问题：如果没有夏洛，威尔伯会怎么样？

自从夏洛开始帮助它，威尔伯就尽力活得跟它的名声相衬：

夏洛的网说它是王牌猪，威尔伯就尽力让自己看上去是只王牌猪；

夏洛的网说它了不起，威尔伯就尽力让自己看上去了不起；

夏洛的网说它光彩照人，威尔伯就尽力让自己看上去光彩照人……

孩子通常会脱口而出：没有夏洛，威尔伯就会死。但反复品读就会明白，比死更可怕的，其实是没有“成长”。而自从夏洛开始帮助它，威尔伯每天都在竭尽全力，活得跟它的名声“相衬”。“相衬”，是一种目标，是一种努力，是一种坚持。至此，孩子们才会明白，威尔伯最后能获得大奖，其实是实至名归，是“尽力”的结果。

第二个问题：如果没有威尔伯，夏洛会怎么样？

你一直是我的朋友，这件事本身就是一件了不起的事。
我为你结网，因为我喜欢你。
再说，生命到底是什么啊？
我们出生，我们活上一阵子，我们死去。
一只蜘蛛，一生只忙着捕捉和吃苍蝇是毫无意义的。
通过帮助你，也许可以提升一点儿我生命的价值。
谁都知道，人活着该做一点儿有意义的事。

通常孩子们初读后的结论是：夏洛是伟大的，因为小小的它拯救了威尔伯的生命，但威尔伯之于夏洛的意义很难意识到。读完这段文字，孩子们也许会明白，原来最好的友情其实是一种相互成全，这就是咀嚼这段文字的价值所在。老师甚至可以让孩子们做个仿说练习：

一个人，只忙着（　　）是毫无意义的，通过（　　），也许可以提升一点儿生命的价值。

品读完毕，我们可以继续追问，实现本书与孩子当下生活的真正勾连：

谁是你的夏洛？他为你织过什么样的网？
你又是谁的夏洛？打算为谁织什么样的网？

如果孩子能够意识到，日常生活中时不时鼓励、肯定你的父母、老师、同学，其实就是为你织网的夏洛，他就会心生感恩。

如果孩子能够意识到，小小的自己也可以去帮助、鼓励他人，成为别人的夏洛，让生命变得更有意义，那么，他就会付诸行动。

这就是经典的力量。

当然，围绕一本书，还可以做更多好玩的事。比如“书影对照”，在读完书后观看电影；比如读读怀特其他的书《精灵鼠小弟》《吹小号的天鹅》，甚至可以把《夏洛的网》搬上舞台，让全班孩子演出来——你要相信，此刻孩子们背诵着的那些台词，终有一天，会渗入他们的血液，成为他们生命的一部分。

三

当然，只读一本书是不够的。

一个好老师，还要致力于打造一间有魂的教室——有着共同精神生活的教室。

有魂的家庭生活常常有着稳固可靠的精神共同体：在孩子0至3岁亲密陪伴，3至5岁对话聊天，5至6岁故事相伴。因此，亲子之间往往心有灵犀，心意相通。

而有魂的班级生活也是如此。师生一起，共读共写，共同生活，温馨而润泽。

有魂的教室，是有好书的教室。

好书，指的是经典，指的是那些经过时间大浪淘沙般筛选出来的书籍，不分时空，历久弥新。比方说130多年前意大利出版的《爱的教育》，70多年前美国出版的《夏洛的网》，至今读来，依旧令人感动，充满力量。

好书，指的是与孩子当下年龄相匹配的书。简言之，出现在一年级教室里的书与出现在六年级教室里的书，是截然不同的。有经验的父母不会给3个月的宝宝吃中老年奶粉，读书同理。

一个好老师会集结各科老师，联合所有家长，打造与孩子年龄高度匹配的高品质书柜，让好书触手可及。朱永新教授领衔编制的“中国人阅读书目”系列丛书，从真、善、美的角度为孩子们量身定制书籍，值得参考选用。

有魂的教室，是有领读的教室。

很难相信，一个不读书的老师，能够带动、影响学生阅读。一个孩子爱上阅读，很多时候是因为有一个每天一到教室就坐在讲台上看书的老师。

所以说拯救学生阅读，从拯救教师阅读开始。我们甚至比孩子更需要读书，我们读书可能会比孩子收获的还要多。

所以，能否推进阅读，很大程度上取决于这间教室是否有个爱读书的老师。

有魂的教室，是常共读的教室。

自由阅读，应当是一间教室的常态。每天清晨、午间、睡前，都是孩子快乐的阅读时光。日不间断，以日以年。

孩子阅读，兴趣第一。初始阶段，要尽可能“零负担”阅读，尤其不建议摘录所谓的“好词好句”，尽量保持故事阅读的完整性，让故事本身吸引孩子。

这个过程中，最重要的是培养儿童的阅读习惯。我们可以运用《习惯的力量》《掌控习惯》中的一些原理、定律，进行科学训练。比如定时定点定量，让读书简便易行；比如把书摆在醒目位置，让它显而易见；比如约上家人或伙伴打卡交流，让阅读令人愉悦等。尤为重要的是不吝鼓励，让孩子每天都有成就感。

而共读，则是老师带着孩子一次又一次地穿越，至少一月一次。像共读《夏洛的网》，就是穿越一段绵长而深邃的通道。通道的尽头，往往有着明亮的光，一次次照亮更远的远方。

很多时候，还可以把共读做成课程。借由一本书、一类书，整合更多的教育元素，创生阅读课程，使之发挥更为强大的力量，而这期间开展的各种活动、挑战、仪式、庆典，则是阅读之旅必不可少的点缀。

总之，一间有魂的教室，它往往始于一个以书命名的名字，起于一场师生共读的旅行，终于无数日渐丰盈的生命。

威尔伯永远忘不了夏洛。它虽然热爱夏洛的子女、孙子女、曾孙子女，可是这些新蜘蛛没有一只能取代夏洛在它心中的位置。夏洛是无可比拟的。这样的人物不是经常能够碰到的：既是忠实的朋友，又是写作好手。夏洛两者都是。

这是《夏洛的网》最后的一段话。

这是一只普普通通的蜘蛛非凡的一生，至高的荣耀。

亲爱的老师，其实，你，就是夏洛！

有太多的家长、孩子，不懂得阅读的重要性。如果你能重视儿童阅读，致力学生自动化阅读能力的培养，就是赐予了孩子一生有用的东西。

终有一天，一个又一个的孩子，会像威尔伯忘不了夏洛那样，忘不了无可替代的你。

（本文选自2023年7月5日《中国教育报》）

赠予孩子一生有用的财富

亲爱的老师们：

如果小学阶段只能培养一种能力，是什么？是自动化阅读能力，也就是“快速提取文字信息”的能力。这种能力的形成，有赖于海量的阅读。就像“在游泳中才能学会游泳”一样，只有“在阅读中才能学会阅读”。

海量阅读，关键期是小学三、四年级，每年需完成1000万字的阅读量。没有这个“量”的积累，很难实现“质”的飞跃。

怎么知道这个能力形成了？就是在两小时内能读完10万字的童书。

如果阅读量不够，就会发生多米诺骨牌效应：影响孩子语言的发展、智力的发展，继而影响数理化的学习。

认知神经科学家玛丽安娜·沃尔夫在《升维阅读》这本书中印证了这一点。她指出，四年级是儿童阅读的分水岭。如果没有形成阅读自动化，那这个时期就成了“消失之洞”，孩子后续的学习会非常艰难。

所以，那些老是做不完作业的孩子，往往不是态度问题，而是自动化阅读能力低下。明白了这一点，也就明白了苏霍姆林斯基反复强调的话：让学生变聪明的办法，不是补课，不是增加作业量，而是阅读、阅读、再阅读。

显然，一年读1000万字不是件容易的事。如何让三、四年级的孩子成为“千万富翁”，早日实现阅读自动化？2022年起，我们创生了图书馆课程，以课程来推动阅读，主要做了两方面的探索。

一、让每一个孩子都知道为何读书

图书馆课程的第一课就是《永远相信阅读的力量》。我们告诉孩子：你想要成为聪明的孩子吗？那就要在未来两年，读完2000万字，自己来培养自己的阅读自动化能力。同时我们借助大量有趣的故事，让孩子明白：阅读，是我们的第四餐，一日不吃饿得慌。这是对学生阅读动机的激发。

二、让每一个孩子都做到天天看书

第一，教会孩子读书方法。课堂上，我们精心挑选了《洛洛学专注》与《夏洛的网》这两本书进行共读。通过共读，教会孩子基本的读书方法。同时，借助《洛洛学专注》，指导孩子练习如何保持专注；通过《夏洛的网》，引导孩子明白什么是真正的友谊，什么是生命的意义。

我们提醒孩子，平时读书的时候如果遇到生字难词，不用停下来，只需猜过去或跳过去，以确保故事的连贯性。你可以“连滚带爬”地读、囫囵吞枣地读、不求甚解地读，甚至遇到读不懂或不感兴趣的书，可以随时放弃。我们认为，海量阅读，最要紧的是持续的兴趣以及浪漫丰富的感知。

第二，建设个人书柜。如何让孩子有书可读？我们秉持“把每一间教室都建成图书馆”的理念，在打造高品质班级书柜的同时，倡导每一个孩子都来建设自己的书柜，数量上最少100本，并做到每年有递增。校园读书节，我们还在校园里举行学生个人书柜展示活动。

第三，填写阅读清单。提到阅读，很多老师会要求孩子摘录好词好句，撰写读书体会，布置各种任务。克拉生在《阅读的力量》中指出：最好的阅读，是自由阅读。自由阅读，就是无负担阅读。只有无负担阅读，才能最大程度地激发兴趣、磨炼意志，最终形成恒定而持久的终身阅读习惯。所以我们的阅读没有任务，只需填写阅读清单（登记书名、字数，做出星级评价）。每节课我们都会反馈过去一周每个孩子的阅读情况并不遗余力地鼓励——这种鼓励，不是物质奖励，而是真心诚意地对孩子说："你真的很会自己培养自己啊！"

第四，跟进相关评价。为保证孩子每天的阅读时间，早在2009年起，我们就把每天早上八点之前的20分钟设为全校阅读时间，值周老师会点赞反馈认真阅读的班级；我们还利用家长会宣讲阅读的重要性；每到寒暑假，我们会给家长写信，指导家长陪伴并鼓励孩子阅读。而作为图书馆课程唯一的长作业，我们倡导孩子们就像绘本《图书馆老鼠》里的山姆一样，用一年的时间，创作一本属于自己的"书"。

第五，组织阅读挑战。根据一年1000万字的阅读目标，我们设计了"我要挑战1000万字"的可视化图表，张贴在每间教室。每50万贴一颗星星，很快形成了同伴激励的阅读氛围。

那么两年多下来，图书馆课程有没有达到预期的目标呢？

2024年，我们对第二届三年级学生的统计发现，一学年下来，有30%的学生超过了1000万字。

而今的第三届学生，有35%的学生超过了1000万字。

换言之，挑战1000万字，对1/3的孩子来说，是通过努力可以做到的；3/5的孩子年阅读量可以在500万字以上。哪怕是实力最弱的孩子，年阅读量也可以在100万字至200万字之间。

照此下去，如果再经历四年级1000万字的挑战，那么他们很有可能在四年级下学期或者五年级实现阅读自动化。一年之后，也就是在五年级或者六年级的下学期，很有可能实现写作自动化。

前不久，全国核心期刊《小学语文教师》的主编杨文华老师走进银河，听了孩子们的阅读课后，十分惊讶："真没想到，银河孩子的阅读量这么大！"尤其是孩子们在8分钟内完成了一个现场作业后（你认为什么样的书才是好书？请向你身边的同学推荐一本好书并说明理由），孩子们争先恐后，侃侃而谈，让老师们赞叹不已。这可能非常好地印证了上面的预测：经由三四年级两年的海量阅读，这个五年级的孩子们，不光实现了阅读自动化，还实现了写作自动化。

“读”与“写”，仿佛两条腿，是一个人得以站立、行走乃至奔跑的关键。实现阅读自动化与写作自动化，毫无疑问，能够为孩子的一生奠定坚实的基础。

老师们，阅读是贯穿小学六年的一个漫长过程。好的阅读课程，需要遵循一个规律：低段激发兴趣，中段确保数量，高段重视质量。

从我们的实践探索来看，最关键的就是中段的海量阅读，而这也是最为艰难的，因为我们不得不努力去改变师生与家长的理念，同时还要跟孩子繁重的课业负担及各种兴趣班抢时间。

但是倘若我们真正意识到了“自动化阅读能力”之于孩子一生的重要意义，那么花再大的力气去重视也不为过，对不对？

让我们再回到开头：如果小学阶段只能培养一个能力，是什么，是自动化阅读能力。

哪一所学校解决了这个问题，便是赠予了孩子一生有用的财富。

（本文节选自2024年10月16日在中国陶行知研究会2024年学术年会“全民阅读”分论坛上的分享）

让每一颗星星在银河中闪光（一）

尊敬的文东茅教授、各位老师：

大家好！

新教育是朱永新教授发起的一项教育实验，迄今已有二十多年的历史。我们学校就是在新教育引领下成长起来的学校。十多年的时间，便从仅有13名教师、76个孩子的私立小学，发展到现在一校多区的教育集团。

新教育实验，每一年都会聚焦某个领域做深度研究，比如学校文化、教师发展、卓越课程等。我们紧跟新教育实验的步伐，可以说新教育的研究历程，就是银河的行动历程。

我们知道，文化，为学校立魂。文化，就像一轮太阳，照耀着学校前进的方向。我们的太阳就是“让每一颗星星在银河中闪光”，它的意思是让生活在银河校园的每一个人都能在银河校园里同生共进，实现生命的最优发展，闪耀生命的盈润之光。

今天，我们在这里共话“幸福教育”。我一直在想：什么样的教育，才是幸福的教育？

还是先给大家讲个故事吧。

一

这个研究蚱蜢的孩子叫小袁。他常常会在音乐课和美术课上神秘失踪。原来，这个孩子从一年级就开始训练乒乓球，除了上课，所有时间都泡在球馆里。可他毕竟还是个孩子啊，所以他就利用上课时间抓虫子、躲猫猫……

不过这种状况到四年级就不再发生了，因为他渐渐迷上了班里开展的新闻课程，他发现看报纸比抓虫子还要有意思。

今年暑假，他去山东参加全国中学生乒乓球锦标赛。赛前，需要参加文化科目考试。全国未通过的孩子有82人。你们猜小袁考了多少分？满分通过！

参赛期间的小袁走到哪里都在看报，无论在车上还是在宾馆。妈妈去山东看他，问他需要带点什么，他说："您就把前一周我没看过的报纸全部带过来吧！"

当然，他的学习更没有落下。其他球员嬉戏打闹的时候，他在学习；其他球员手捧手机的时候，他依旧在抓紧时间学习。

他说："打球的人中，我要做学习最好的那一个；学习的人中，我要做打球最好的那一个。"

比赛结束，好消息传来：他进入全国八强，成为国家一级运动员。

学习、打球，都很优秀，他真的做到了！

是什么让一个小小的孩子拥有这样的信念？因为他从小就在读世界。读懂了世界也就读懂了自己的人生目标。

其实，这种信念来自新闻课程。2014年开始，陈溢华老师就带着孩子们看新闻、说新闻、写新闻。没想到这样一个课程竟让连续三届学生不光成绩骄人，还表现出很多共同点：眼界开阔、思想深邃、目标明确、行动持久。这些宝贵的品质让孩子们看到了更远的自己。

新闻课程也让工作二十余年的陈老师找到了自身发展的"第二曲线"。她收获了很多荣誉，还参加了全国教师成长力论坛。她说："课程，让我蜕变了！课程，让我感受到了从未有过的幸福！"

除了新闻课程，我们还有很多类似的创意课程。这些年，我们一直以“学生需要”为出发点，研发卓越课程。入学课程让连续10届总计4000多名孩子消除了入学恐惧，爱上了学校。食育课程，让每一个二年级的孩子学会了做饭，懂得了“吃好，才能学好”的道理。此外，学科课程也是丰富多彩：数学折纸课程、音乐合唱课程、美术扎染课程、水墨课程等。一位六年级的孩子从《清明上河图》得到启示，她画了一幅整整6米的长卷，记录了她在学校的快乐时光。她说：“这下好了，无论我走到哪里，都不会把银河忘记了。”

课程的丰富性，决定生命的丰富性；课程的卓越性，决定生命的卓越性。

践行新教育卓越课程，让孩子们生动自由地成长着，而通过研发课程，老师们也找到了成长的“第二曲线”，变得越来越自信、阳光。我想，师生一起快乐地成长，大概就是幸福教育的样子吧。

二

2012年起，我们会定期举行“感动银河人物”颁奖典礼。站在台上领奖的家长，就是校家委会主任——大家亲昵地叫他“光头陈爸”。

当时，陈爸接过奖杯和鲜花，非常感动。他说：“学校举行如此隆重的仪式，深深打动了我。我永远都是银河人。”

陈爸获此殊荣，可谓实至名归。担任家委会主任期间，他带领全体家委，为校服采购、食堂陪餐、跑道改建等许许多多工作奔波忙碌，真正让家长成为学校教育的同盟军与合伙人。同时他与所有家长一起，高度认同“家长好好学习，孩子才能天天向上”的理念，积极参与“好父母学院”的学习。

2020年，学校承办首届新教育示范学校开放日活动。陈爸带领全体家委站上舞台，深情讲述他们在银河如何当家、如何与孩子们一起成长的故事。与会专家、校长们由衷地说银河家长脸上的笑容是真实的，是发自肺腑的。

这些年，我们秉持新教育“家校共育”的理念，与全体家长成为最亲密的合伙人。我想，家校之间心意相通、携手同行的感觉就是幸福的感觉吧。

三

孩子们排得这么整齐，在向谁敬礼呢？

哦，原来是向我们的韩师傅敬礼啊。不光行礼，有个孩子还送上了一份礼物——她把自己看到的天蒙蒙亮韩师傅就在修课桌椅的事写成了作文。孩子们说：“韩师傅这个修理大王，全心全意为我们服务，太了不起了。”

接过孩子们的感谢信，韩师傅欣慰地笑了。他连声说：“谢谢，孩子们太好了！”

每年寒暑假，银河的老师都会给校长写信，为学校发展献计献策，一直持续了15年。新学期开始，校长都会点评教师来信，并选出最佳来信，予以隆重表彰。

我想，在这个校园里，能够被发现、被需要、被在乎、被信任，这样的感觉就是幸福的感觉吧。

“让每一颗星星在银河中闪光”，就是希望生活在银河校园的每一个人，都能实现生命的最优发展，闪耀生命的盈润之光。

校园，就是一个巨大的“场”。如果生活在这里的每一个人都能感受到自己是独一无二的、是灵动的、是舒展的，是被看见、被信任、被鼓舞的，他就常常能生出“我很重要”的感觉，这，就是幸福，这，就是幸福的教育。

深入践行新教育实验的十多年，让我们慢慢相信叶圣陶老先生说的话“教育，是农业”，我们慢慢学会了以农人的眼光耐心地等待不同的孩子按照自己的节奏成长。也因此，我们做了很多我们认为很难，但是值得去做的事：每周给家长写一封信，持续了17年；教师全员家访，持续了17年；每位老师给学生写全科评语，持续了17年；为孩子们制作电子档案，持续了15年。

“守住每一个孩子，擦亮每一个日子”，这句朴素的话语也就成为我们全体银河人的座右铭。

教育，就是激发、唤醒与鼓舞。

新教育倡导师生“过一种幸福完整的教育生活”，这种“幸福与完整”，就是基于人的发展，帮助每个人成为更好的自己的教育。

围绕“让每一颗星星在银河中闪光”的办学愿景，我们一直在努力：努力让教师享有职业的尊严，让孩子感受成长的快乐，让学校成为汇聚美好的中心。

“幸福”，是一个珍贵的字眼，是一种美好的体验，是一个很难企及的境界。

“幸福教育”，更是中国教育大变革背景下人民群众最殷切的期待。

未来，我们一定会朝向幸福，继续努力。

（本文节选自2021年中国教育三十人论坛“幸福教育”分论坛上的分享）

上前一步与退后一步

——家校合作共育的银河探索

尊敬的各位专家、老师们：

很荣幸有这样的机会汇报我们银河小学在家校合作领域的思考。

家校之间有着清晰的权力边界。如何厘清边界，把握标准，掌控节奏，营建家校合作育人共同体，是每一所学校都必须面对的难题。

回顾我们家校共育的历程，可以这样概括，那就是：上前一步与退后一步。

上前一步

2004年暑假起，所有老师都会对一年级新生进行学前家访。家长们惊讶地发现，老师不光了解孩子的兴趣特长，还把是顺产还是剖宫产这样的细节都记下来了。学校还对新生进行观察与访谈，随后进行分班。每个班的孩子，无论是性别、住址、学力水平，都分得非常均匀。

2005年起，每周五，班主任都会给家长写一封信，详细告知一周情况。

2007年起，学校推行电子档案评价。在这本小小的电子相册中，爸爸妈妈不仅能够看到孩子学习、生活等的生动画面，还能看到所有学科老师为孩子撰写的评语。

2016年起，学校每年向全体家长公开致信，倡导家长不送礼、不请吃，共同营造纯洁美好的家校关系。

2020年，“好父母学院”正式成立，从此银河的家长也开始上学，仅仅一学期，线上线下课程点击量就超过了150万。一时间，父母也要“持证上岗”成为热门话题。学校还推出“家长会客厅”，向有特殊需求的家长开放。

2020年，“银河大脑”正式启用。其中“新三好学生”这一条规定，只要达到标准，任何人都可以获评，而且“新三好学生”有动态进度条，家长在手机端便可实时查看。“银河大脑”还开通了“校长信箱”，只要是家长来信，校长常常会第一时间“秒回”。

以上便是我们家校共育的“上前一步”。这上前一步，其实就是学校教育的主动出击：学前家访、观察访谈，是为了摸清学力起点，方便因材施教；每周家信、公开致信以及校长信箱，亮出的是我们的态度——廉洁从教，开放办学；全科评语、电子档案以及“新三好学生”，传导的是我们的评价理念——成绩，永远不是第一位的，孩子的身心健康，才是最重要的；“好父母学院”的成立，则是全面提升家长家庭教育指导能力的重要举措。

上前一步，是学校敲开家门，向家长亮出办学理念、育人标准以及合作的要求。

退后一步

那么，退后一步，又是什么呢？

2009年，校级家委会成立。随后《家委会章程》出台，它非常清楚地明确了家校的权责与界限，是一份沉甸甸的约定。

记得有一次，家委会在验收新校服时发现校徽歪了，立即向厂家开出了

“警告单”，责令限期整改。银河先后五代校服，全都由家委会负责采购。学生校服家长定制成了学校的一项传统。

2010年起，家委会每学期组织废纸回收，所得的“燎原基金”，用于优秀学生的奖励。

2014年起，学校实行家长陪餐制。家长们会仔细关注食堂环境与菜品质量，提交反馈表。学校会根据反馈及时改进。

2015年起，家长百业课堂诞生。每周一下午的拓展课程时间，来自各个行业的家长，走进教室，站上了讲台。

2019年，学校跑道改建。这方面有专长的家长纷纷报名，成了工作组的核心成员。最终，我们的跑道一次性通过了验收。孩子们非常开心，说我们的学校里有一片蓝色的海洋。

2022年，学校启动新一轮四年规划。2000多份来自家长的问卷反馈成为制定规划的重要依据。

以上便是“退后一步”。退后一步，其实就是学校的权力让渡：出台《家委会章程》，是让家长明确权责，把握分寸；校服招标、燎原基金、食堂陪餐、跑道改建，都是赋能家长，让家长参与管理；百业课堂，充分发挥了“家长资源库”的作用；而来自家长的真知灼见，则成为学校改进管理的智力支持与重要力量。

退后一步，是学校打开校门，让家长真正成为学校教育的同盟军与合伙人。

这些年，学校就在这“上前一步”与“退后一步”的过程中不断前行。而决定“进退”的唯一依据，就是学生。学生需要什么，我们就创造什么。以学生为圆心，摒除所有的不利因素，营造润泽的教育生态，让每一个孩子自主、自信、自由地生长，便是学校把控“进退”的尺度与准绳。

各位专家、老师们，美好的家校关系，是对学校教育最大的赋能。秉持“让每一颗星星在银河中闪光”的办学理念，我们将继续弹好家校合作的变奏曲，让银河教育真正朝向幸福，走向完整。

（本文节选自2022年中国教育学会家庭教育分会上的分享）

让每一颗星星在银河中闪光（二）

尊敬的朱永新教授、各位专家、老师们：

大家好！

2006年，有一所小学陷入绝境，宣布倒闭。这是一所小到不能再小的民办私立小学：13位老师，76名学生。幸运的是，教育局及时伸出援手，接管了这所小学。

2020年，这所学校成为萧山区第一个一校三区的教育集团。而今，拥有170多名教师，3000多名学生。

这就是我所在的学校：银河实验小学。

短短十几年，是什么让一所学校绝地重生，行稳致远？是新教育实验的引领。

回望学校的发展历程，大致可以分为两个阶段。

第一阶段：绝地重生，艰难成长（2006—2013）

2006年，教育局接管了我们学校。“如何让学校活下来”成为我们的目标。当时，萧山刚刚成为新教育实验区。新教育，犹如一根救命稻草，被我们紧紧攥在了手里。

每年，新教育都会聚焦一个项目做深度研究。我们的做法很简单，那就是新教育做什么，我们就做什么。

儿童课程

“晨诵·午读·暮省”，这是新教育倡导儿童过的一种生活方式。它让我们第一次意识到阅读的巨大意义。朱老师说：“经典，光照童年。一所没有阅读的学校，不可能有真正的教育。”我们重点做好了两件事：

一是把每一间教室都建成图书馆。通过打造高品质的班级书柜，为孩子们提供与他年龄最匹配的书；通过“晨诵·午读·暮省”、银河读书节，把最美好的东西献给最美丽的童年。

二是让每一位教师都成为领读者。我们奉行“一级做给一级看”：拯救学生阅读，从拯救教师阅读开始。行政共读、教师共读、师生共读、亲子共读，成为一种常态，就像我们卷轴样的校门所代表的意义那样：走进银河，一生与书相伴。

教师三专

2010年，朱老师参加了我们的新校舍落成典礼并做了专题报告。他说：“专业阅读、专业写作、专业发展共同体，是教师成长的‘吉祥三宝’。”我们的教师培养也从三方面展开：教师共读成为常态，光是《给教师的建议》就共读了整整一年。同时，每位教师都建有博客，每天不上传一篇千字文，不在同事的博客留个言点个赞，就感觉一天没过完。此外，我们还建立了7个基于优势潜能的教师专业发展共同体，让每一位教师在最热爱的领域做最擅长的事。

研发课程

2012年，朱老师在全国新教育年会上推介了我们的入学课程。可以说，这是我们在课程研发领域的初步尝试。入学课程，就是借助儿童课程，破解一年级儿童畏惧上学的教育难题。与此同时，我们的十品性课程、农历课程也日趋完善。

学校文化

2009年，我们终于结束了长达五年的借居生活，搬进了自己的校园。“究竟要办一所什么样的学校”，成为最重要的命题。

朱老师说：“文化，为校园立魂。”我们三次赴石家庄参与“学校文化”研讨，寻找一轮属于银河的太阳。我们提出了“让每一颗星星在银河中闪光”的办学理念：让生活在银河校园里的每一个人，都能以最饱满的精神状态、最优雅的成长姿态，在银河校园里同生共进，实现生命的最优发展，闪耀生命的盈润之光。我们打造了“科学精神”与“人文情怀”兼具的环境文化，慢慢形成了银河语录，比如“只有珠穆朗玛，不是喜马拉雅”“不做第一，只做唯一”等。此外，开学宣誓、校长礼物、毕业典礼、感动银河颁奖典礼等仪式，让每一个银河人有了共同的使命与价值观。

回顾第一阶段，我们重点做的是学习领悟，践行反思。2008年，我们接受了新教育研究中心为期一周的田野培训。2010年，承办为期一周的全国开放周活动。2013年，承办全国新教育第13届年会。打开校门，倾听故事，让我们对新教育实验，理解更透彻，信念更坚定。

第二阶段：深度融合，行稳致远（2014—至今）

2014年，章校长受教育局委派，率管理团队扶持衢州常山，这标志着我们学校已历经磨难，茁壮成长起来。

2019年，朱老师出版了《未来学校》一书，里面提到的教师角色的改变、学习方式的变革、家庭教育王者回归等，引发了我们许多的思考。那一年，他第五次莅临银河，勉励我们顺应变革，朝向未来。

那么如何朝向未来，行稳致远呢？我们将新教育与浙江省义务教育课程改革、五项管理、双减政策等高度融合，确立了银河的发展路径。

深度推进课程

我们对课程进行了重新架构。研发课程的依据只有一个，那就是“学生需要什么，我们就创造什么”。我们研发了基于中国学生核心素养的校级课程，比如食育课程、新闻课程、图书馆课程等，同时继续推进班本课程与学科课程。

学习方式变革

如何让学习真正发生？那就是从“目标—达成—评价”为标志的课堂，转变为“主题—探究—表现”为标志的项目化学习。2019年我们研究“停车系统”，2020年研究“变废为宝”，2021年聚焦“星耕园”，2022年设计“迎亚运开幕式”，几年来项目化学习慢慢席卷全校，形成了一种崭新的学习生态。

家校合作共育

我们深刻地意识到，教育的起点在家庭，终点在社会。作为学校，最需要做的是助力父母，提升家庭教育指导力。为此，我们成立了好父母学院，推出了“家长会客厅”，“家长也要持证上岗”成为银河家长的共识。

智慧校园行动

信息化时代，如何让技术赋能教育，是我们必须面对的命题。这几年，我们启动“银河大脑”，在助力日常教学的同时，推动评价方式的变革。比如2021年我们启动了“星评价”改革，推进“新三好学生”项目，促进了学生的成长。

回顾第二阶段，我们将新教育理念与国家政策导向、区域课程改革深度融合，结合学校的生命气质，开辟了银河的生长路径。

回望来时路，我们无限感恩。

新教育，让我们感受最深的是：教育，是农业。“相信种子，相信岁月”，这八个字，就是最好的注解。这么多年，我们坚持每周家信、全员家访、全科评语以及电子档案评价，努力做到“守住每一个孩子，擦亮每一个日子”。

新教育，让我们明白，好的教育是基于人的幸福与完整的事业。践行新教育的这些年，无论老师、孩子还是家长，都在一起成长。《人民教育》3次刊发我们的思考与实践，《中小学管理》的记者曾蹲点一天，写下了《看见你们的幸福》。

尊敬的朱老师、各位专家，早在2008年，朱永新教授第一次到银河的时候，就为我们题写了“过一种幸福完整的教育生活”。我们清楚地知道，这十多年的粗浅尝试，离朱老师擘画的美好愿景还有太大的距离，但是我们全体银河人一定会不断努力，去创造更好的教育，真正“让每一颗星星在银河中闪光”。

（本文节选自2022年中国教育学会国际教育分会上的分享）

后记

走，我们去做好教育

2016年，《走，我们去找好教育》出版。那本小小的书，记录了我所在的银河实验小学从无到有10年成长的艰辛历程。我清楚地记得：每一次校稿，我都会热泪盈眶。穿过一行行文字，望见一幕幕往事，办学的迷茫，“寻找”的不易，翻腾在血液中。

而今，《走，我们去做好教育》即将出版。当我再次坐下来，整理这12讲文字的时候，却心绪平和，更多的是“行走”的笃定与从容。

这本书的诞生纯属偶然。这是2020年2月——那个猝不及防人人宅家的疫情时期，我和我的小伙伴们一起讲述的银河故事集。而今回首，无限感慨。有人说，只有摁下生活的暂停键，思考才会汩汩涌出。感谢那个鲁莽焦虑的自己，在CCtalk启动了生平第一间网络直播室。在那个特殊的房间里，我第一次与数十万素不相识的教育人相遇，虽远隔千山万水，却感觉心心相印。我庆幸，我是那个故事的开讲人，是一份不知哪里来的勇气，让这12天成为永恒。

感谢我的银河，这是一所充满故事的学校。那么多的故事，有的令人欢欣，有的让人唏嘘。但不论好坏，每一天都由努力的人们用心书写着。这12天与我一起分享故事的小伙伴们，都坚守在一间间小小的教室里。他们像一个个农人，比我更清楚地知道种子与种子的差异，懂得“相信”与“等待”的分量。而引领这所学校往前走的三任校长，更有着非凡的情怀、智慧与胆魄。江南少雪，所以对某一年校园积雪印象深刻。执一柄铁锹，奋力凿冰铲雪，一大早为上班上学的师生开出一条道的，便是校长。办学如开道，我有幸见证了他们无惧无畏、奋力挥锹的那些瞬间。

感谢朱永新老师。《盗火者：中国教育改革调查》制片人邓康延先生曾说：“教育是一项很美很温暖的大业，教育是生命，它是皮肤知冷暖，它是眼睛识明暗，它是心灵辨善恶。不管去学校的路有多远，童年都要背起书包；不管教育改革的路有多险，今天都得去攀缘。不懂、不爱、不愿献身教育的人，请离开。”新教育，就是一项很美、很温暖的大业。朱老师以教师专业发展为抓手，二十余年筚路蓝缕、披荆斩棘，孜孜探寻变革之道。新教育之于银河，既是学校存亡之际的暗夜明灯，也是学校昂首前行的动力机组。从蹒跚起步到自信奔跑，不论何时，朱老师都是那个站在路边颔首微笑、大力鼓掌的人。

感谢打开这本书的你。若是有你的批评与共鸣，它也就有了新的价值与意义。